수백 번 본들 한번 만들어봄만 하랴!

百見不如一打

백견불여일타

Vue.js 입문

動かして学ぶ! Vue.js開発入門
(Ugokashite Manabu! Vue.js Kaihatsu Nyumon：5892−1)
ⓒ 2019 Yoshinao Mori
Original Japanese edition published by SHOEISHA Co.,Ltd.
Korean translation rights arranged with SHOEISHA Co.,Ltd. through Botong Agency Inc.
Korean translation copyright ⓒ 2020 by RoadBook.

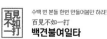

Vue.js 입문

지은이 Yoshinao Mori **옮긴이** 신대호 **1판 1쇄 발행일** 2020년 5월 18일 **1판 2쇄 발행일** 2021년 8월 30일

펴낸이 임성춘 **펴낸곳** 로드북 **편집** 임성춘 **디자인** 이호용(표지), 심용희(본문)

주소 서울시 동작구 동작대로 11길 96-5 401호

출판 등록 제 25100-2017-000015호(2011년 3월 22일) **전화** 02)874-7883 **팩스** 02)6280-6901

정가 22,000원 **ISBN** 978-89-97924-57-8 93000

이메일 chief@roadbook.co.kr **블로그** www.roadbook.co.kr

百見不如一打

코드를 한번 쳐보고 실행해보는 것이
프로그래밍을 익히는 으뜸 공부법이라는
철학을 담았습니다.

지은이의 글

> *"이 책은 HTML과 CSS를 어느 정도 알고 있으며
> 자바스크립트는 초보 단계인 독자를 위한 책입니다."*

SPA라고 들어본 적이 있나요? 싱글 페이지 애플리케이션Single Page Application이란 뜻입니다. HTML만으로 이루어진 웹 페이지는 단순히 분서나 이미지를 보여준다거나 하는 수준의 웹 페이지만 만들 수 있습니다. HTML5의 등장으로 동영상도 바로 플레이를 해준다거나 다양한 API를 제공하여 좀더 애플리케이션에 가까운 웹 페이지를 만들 수 있게 되었으나, 사용자의 행동을 감지하고 이를 바로 페이지에 반영하는 인터랙티브한 웹사이트를 만들려면 자바스크립트가 반드시 필요합니다. 사용자의 이벤트를 인지하고 조건을 설정하고 데이터를 저장하고 가져오는 등의 프로그래밍을 해야 하기 때문이죠.

자바스크립트로 안 되는 것은 거의 없습니다. 다만, 개발자마다 코딩 스타일도 다르고 같은 역할을 하더라도 프로그램 구조도 달라, 개발 효율성이 많이 떨어지게 되죠. 그래서 프레임워크가 등장한 겁니다. React, Angular, Vue가 대표적입니다. 이 책에서 다루는 Vue는 좀더 가벼운 웹 페이지를 만드는 데 사용됩니다. 배우기도 쉽고 구조도 엄청 간단합니다. 프레임워크란 개발자들이 아키텍처와 같은 고민을 덜어준다거나 공통적으로 자주 사용하는 기능을 포함하여 개발을 쉽게 도와주는 도구입니다. 그래서 어느 정도는 프레임워크 사용법을 배워야 하는 것이죠. 프레임워크도 프로그래밍 언어 못지 않게 상당히 익숙해져야 하는 학습 비용이 존재하기 때문에 다양한 프레임워크 속에서 옥석을 가려 내게 필요한 것을 선택하고 빠르게 습득하는 능력을 키우는 것도 중요합니다.

이러한 관점에서 볼 때 이 책은 빠르게 Vue라는 프레임워크에 익숙해지게끔 예제 위주로 만들었다는 장점이 있습니다. 그리고, 대형 프로젝트보다는 소규모 웹 페이지를 만드는 데 적합하기 때문에 자바스크립트의 프레임워크를 처음 학습해보고자 하는 독자에게는 더할 나위 없는 선택이 될 겁니다.

이 책을 통해 자바스크립트 프레임워크에 좀더 가까워지는 계기가 될 수 있기를 바랍니다.

저자 Yoshinao Mori

옮긴이의 글

"이제는 새로운 언어보다는 프레임워크의 시대입니다."

어느 정도 언어가 알려지고 사용자가 늘다 보면, 자연스레 프레임워크가 등장합니다. 이러이러한 규칙으로 만들고, 다양한 함수나 기능들도 얹혀놓고 개발자들이 편하게 일정한 패턴으로 만들 수 있도록 하는 구조가 프레임워크입니다. 사실, 자바스크립트로 삽질하지 말라고 만들어놓은 프레임워크이기에 그런 부분만 잘 이해한다면, 다양한 프레임워크 속에서도 혼란스럽지 않을 것입니다.

이 책의 독자들에게는 무엇보다 다양한 프레임워크를 써보라고 얘기해주고 싶습니다. 그래야, 앞으로도 수많은 프레임워크가 나올 텐데, 그럴 때마다 스트레스를 받는 것보단 낫지 않을까요? 새로운 언어나 새로운 프레임워크가 나오면 그것을 토대로 예제를 만들어 보고, 내가 하는 프로젝트에 도입하지 않더라도 일부 기능을 한번 사용해본다든지 하는 식으로 배워나갈 필요가 있습니다.

프레임워크 하면 어려워할 독자들을 위해 이 책은 Vue라는 대표적인 자바스크립트 프레임워크를 쉽고 빠르게 배울 수 있도록 구성했습니다. 그리고 번역서에는 원서에는 없는 [실습해봅시다]를 넣어 독자가 응용 능력을 키울 수 있게 만들었고 마지막 챕터에 **게시판 프로젝트**를 추가하여 Vue의 개발 과정을 체험해볼 수 있게 구성하였습니다.

또한 HTML과 JavaScript의 기초지식만 있으면 쉽게 이해하고 따라 할 수 있어서 프론트엔드 개발자를 꿈꾸는 분들이 좀더 Vue.js에 쉽게 다가가게 해줄 것입니다. 이 책을 읽고서 Vue.js를 모두 이해하고 활용할 수는 없을 것입니다. 하지만 그 다음으로 나아가기 위한 시작은 충분히 이룰 수 있을 것이라 생각합니다. 책 시리즈 이름처럼 "백견불여일타"는 매우 중요한 이야기입니다. 그러나, 책을 보면서 소스코드를 타이핑 해보고 실행해보았다면, 다시 한번 반드시 보지 않고 처음부터 만들어 볼 것을 권합니다. 책을 모두 읽고 사용법들을 익혔다면 반드시 스스로 하나의 프로젝트를 생각해서 책에 나온 모든 기술을 써보고 구현해 보는 것만이 정말 책을 다 읽은 것이라고 생각합니다. 그리고 책을 읽고 궁금한 점이 생기면 우선 인터넷 검색을 통해 다양한 정보를 접해보고 백견불여일타 카페도 적극 활용해주길 바랍니다.

여러분의 개발 인생에 많은 도움이 되길 바라며,

옮긴이 신대호

편집자이자 베타테스터의 글

> *"연습문제를 직접 풀어보지 않으면 아무리 좋은 입문서라도 백약이 무효입니다."*

이 책을 반복하며 읽고, 코드를 따라 직접 타이핑 해보고, 연습문제를 풀어보고, 이제 막 인쇄에 들어가려는 이 시점이 되어서야 Vue의 구조가 자연스럽게 눈에 들어오는 것 같습니다. 처음엔 왜 new vue로 새로운 인스턴스를 만들고 methods 옵션으로 다양한 메소드들을 만들어내며, 이것을 HTML의 태그들과 연결 짓는지 그 구조를 잘 이해하지 못했는데, 역시 직접 해보고 반복해서 학습해보는 것만이 낯설음을 익숙함으로 바꿀 수 있는 유일한 길임을 다시 한번 깨닫습니다.

또한 Vue는 자바스크립트 프레임워크이고 MVVM 모델을 기초로 하고 있다는 등의 개념은 내가 코딩을 할 줄 알아야 내 눈에 들어온다는 사실도 깨닫게 되었습니다. 특히 프레임워크는 직접 그 구조로 반복해서 만들어보고 새로운 기능을 추가해봐야 "왜 이런 구조로 이렇게 설계를 했는지"를 깨달을 수 있게 되는 것 같습니다.

이 책은 번역서이기는 하지만, 원서에는 없던 내용으로 각 장의 마지막에 [정리해봅시다]와 [실습해봅시다]를 추가했고 14장 "게시판 프로젝트"를 추가해서 백견불여일타 시리즈로 만들었습니다. 그냥 좋은 입문서였던 원서가 실습하기 좋은 아주 좋은 입문서로 탈바꿈한 것 같아 담당 편집자로서 뿌듯함을 느끼는 순간입니다.

이 책을 손에 쥐면 금방 볼 수 있을 것 같아 보이는 책이지만, 특히 자바스크립트에 익숙하지 않은 독자라면 제대로 책을 학습하기 위해서는 하루에 2~3시간씩 투자를 해서 한달 이상은 봐야 한다고 생각합니다. 개념은 스윽 한번 훑고 지나간다고 해도 [함께 해봐요] 예제는 책을 보고 한번, 그리고 책을 안보고 한번, 이렇게 두번은 반복해서 봐야 합니다. 그리고 각 장의 마지막에 제공되는 [실습해봅시다]는 가능하면 본문을 보지 않고 구현해보도록 하고 안 되면 인터넷 검색 등을 통해 다양한 방법을 찾아보고 직접 구현할 수 있을 때까지 시간을 투자해보기 바랍니다. 그런 다음 마지막으로 제공되는 해답과 비교해보면 무엇을 잘한 건지 잘못한 건지를 알 수 있을 겁니다. 프로그래밍은 여러 해답이 나올 수 있습니다. 해답을 먼저 봐버리면 내가 무슨 실수를 자주 하는지, 어디에서 막히는지, 어떻게 다르게 생각하는지를 알 수가 없게 됩니다. 나의 프로그래밍 습관이나 생각과 저자의 해답이 어떤 차이가 있는지 비교하는 것도 굉장히 중요한 학습 습관입니다.

모든 입문서는 이 정도는 투자해야 그 다음 단계로 나아갈 수 있다고 생각합니다. 백견불여타 시리즈를 설계할 때도 이러한 관점으로 기획 설계를 하고 있기도 합니다.

이 책은 HTML이나 CSS가 무엇인지에 대해 설명하지 않습니다. 필요하다면 약간의 자바스크립트 함수에 대한 설명은 하지만, 그렇다고 자바스크립트 문법을 알려주지도 않습니다. Vue.js는 자바스크립트로 만들어 놓은 프레임워크이기 때문에 기본적으로 자바스크립트에 익숙해야 본인이 원하는 Vue 프로그램을 만들 수 있습니다. 이 책은 Vue.js에서 가장 기본적으로 쓰이는 기능들을 빠르게 숙지하여 깃헙 등에 오픈된 소스를 읽을 줄 알고 활용함으로써 빠르게 Vue를 쓸 수 있게 만들어주는 게 목적입니다.

처음 학습할 때는 무척 혼란스러울 것입니다. new라는 키워드를 이용해 Vue 인스턴스를 만들어내고 그 안에 el:이나 methods: 등의 여러 옵션을 거쳐 하나의 프로그램이 완성되는데, 이해가 안 되더라도 예제가 나올 때마다 따라 하다 보면, "아~ 얘네들이 Vue의 뼈대가 되며, 규칙이구나."라는 것을 금방 깨닫게 될 것입니다. 굳이 MVVM 모델을 구현한 게 Vue라는 것을 설명하지 않더라도 말입니다. Vue는 리액트나 다른 프레임워크에 비하면 그 구조가 간단하다는 것도 프론트엔드 입문자가 배우기에 적합하다는 의미이기도 합니다. Vue를 시작으로 좀더 복잡한 React와 같은 다른 프레임워크에 도전해볼 것을 추천합니다.

이 책을 보는 또 다른 재미로는 꼭 도감을 보는 듯한 느낌입니다. 각 장의 끝에 [그림으로 보고 이해하는 정리]에서 소스코드의 전체적인 흐름을 완벽하게 정리해주고 있다는 점이 이 책의 장점 중 하나입니다.

Vue.js 역시 프레임워크입니다. 모든 프레임워크는 어떻게 보면 사용법에 익숙해지는 게 중요합니다. 예를 들어, new Vue로 인스턴스를 만들고 그 안에 el, data, methods 등의 옵션을 사용해서 HTML 요소와 연결하거나 메소드를 만들어 기능을 추가하거나 데이터를 넣어줄 수도 있습니다. 또한 v-로 시작하는 다양한 프로퍼티는 명령어처럼 쉽게 HTML을 제어할 수 있게 되는 것이죠. 이러한 사용법에 지속적으로 익숙해지면 어느 샌가 자신만의 무기를 장착한 프론트엔드 전문가가 되어 있을 겁니다.

이 책을 편집하고 베타리딩 하면서 특별히 어려운 점은 없었던 것 같습니다. 다만, 연습문제(실습 해봅시다)에 가장 많은 시간을 할애하였습니다. 연습문제를 푸는 데 시간을 쏟은 만큼 그 다음 장의 내용을 더 쉽게 이해할 수 있었고, 자바스크립트에 대한 약간의 지식만 있었던 나로서도 Vue.js가 쉽고 가벼운 프레임워크이며 한번 사용해볼 수 있겠는걸 하는 생각이 들 정도였으니 말입니다.

이 책으로 Vue의 기초지식을 빠르게 체득하고 스스로 다양한 Vue 프로그램을 만들 수 있기를 응원합니다.

2020년 5월
편집자 & 베타테스터 임성춘

일러두기

1. 이 책의 학습 방법

- 이 책은 Vue.js의 설치부터 Vue 프레임워크에서 제공되는 가장 기본적이면서 필수적인 기능들을 예제 중심으로 다루고 있습니다. 눈으로 읽어도 알 만한 예제라도 하나하나 직접 코딩을 해보면서 학습해야 학습 효과를 극대화할 수 있습니다.

- 이 책은 약 100여 개의 [함께 해봐요] 예제가 제공됩니다. 대부분 HTML 파일로 예제가 제공되지만, 본문에는 아래와 같이 HTML과 자바스크립트(JS), CSS가 분리되어 표시되어 있습니다.

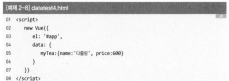

- [정리해봅시다]는 퀴즈 문제로 가볍게 복습하는 내용입니다. 앞서 배운 내용을 복기함으로써 한번 더 정리하는 단계이오니, 한 문제 한 문제 집중하여 풀어보길 권합니다.

  [실습해봅시다]는 힌트가 제공되는 실습문제입니다. 가장 중요한 파트이기도 합니다. 실습문제는 현장에서 자주 직면하는 작은 미션들입니다. 이 미션들을 여러분 스스로 하나하나 해결해나가는 순간, 여러분은 이미 프론트엔드 개발자입니다.

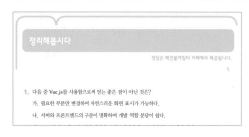

- 14장은 게시판 프로젝트가 제공됩니다. Vue 본연의 기능에 집중하기 위해 네트워크 프로그래밍 대신, json 파일로 게시글 데이터를 저장하고 가져오는 방식으로 작성합니다. 이 게시판을 확장하여 여러분의 프로젝트에 멋진 Vue 게시판을 작성해보기를 추천합니다.

2. 이 책의 예제 다운로드와 표기법

- 이 책의 소스코드는 모든 HTML 편집기에서 작성할 수 있습니다.
- 예제 소스는 로드북 사이트와 백견불여일타 네이버 카페에서 다운로드 받을 수 있습니다.

  www.roadbook.co.kr/231
  cafe.naver.com/codefirst

- 책의 예제는 라인 번호를 두었습니다. 라인 번호는 독자가 어느 위치에 코드를 추가해야 할지 직관적으로 알 수 있게 하기 위함입니다. 생략된 코드는 없으며, 모두 완전소스로 구성되었습니다.
- 주요 소스코드는 별도의 색으로 표현하였습니다.

```html
01  <div id="app">
02      <img src="face1.png">직접지정</img>
03      <img v-bind:src="fileName">v-bind로 지정</img>
04  </div>
```

- 어려운 용어를 설명해주는 "메모"나 좀더 다양한 팁을 알려주는 "컬럼" 코너를 두어 지루하지 않게 학습할 수 있도록 구성하였습니다.

3. 백견불여일타 카페에서 함께 공부합시다.

앞으로 지속적으로 백견불여일타 시리즈 책들이 나올 예정입니다. 현재 HTML5와 안드로이드 앱 개발에서 없어서는 안 될 파이어베이스, C# 독자분들이 백견불여일타 카페에서 많은 도움을 받고 있습니다. 외롭게 홀로 고군분투하며 어렵게 학습하는 입문자들에게 힘이 되는 공간으로 발전시켜 나가도록 하겠습니다.

백견불여일타 네이버 카페 주소 : **cafe.naver.com/codefirst**

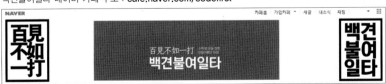

목차

1장 Vue.js란?

2장 데이터 표시

3장 속성을 지정할 때

4장 유저 입력을 연결할 때

13장 json 데이터 다루기

14장 간단한 게시판 만들어보기

1장

Vue.js란?

Vue.js는 프론트엔드 기술 중 하나입니다. 한 페이지에서 모든 컨텐츠를 보여주는 웹사이트를 많이 보았을겁니다. 이를 SPA(Single Page Application)이라고 하는데, 이럴 때 동적인 페이지를 쉽게 만들어주는 기술이 Vue.js입니다. jQuery가 있기는 하지만, 좀더 간단한 방법을 제공하기 위해 개발된 Vue.js. 얼마나 쉽게 배울 수 있는지 살펴볼까요?

#핵심_키워드

#Vue.js란 #Vue.js_개발환경_설정
#Vue.js로_만들_수_있는_것

01 Vue.js란?

최근 관심이 깊어지는 Vue.js 자바스크립트 프레임워크에 대해 설명합니다.

jQuery보다 간단!

웹 페이지를 만들 때 어떤 기능을 추가하고 싶을 때가 있습니다.

예를 들어 "문장을 입력하면, 나머지 입력 가능한 문자수가 표시되는 기능"이나 "동의하는 체크 박스에 체크하기 전에는 전송 버튼을 비활성화하는 기능"과 같은 편의를 제공하는 기능입니다.

웹 페이지에 이런 기능을 추가할 때 자바스크립트를 사용합니다. 자바스크립트는 HTML에서 태그나 속성을 찾아내 그 태그나 속성을 조작할 수 있도록 해주는 언어입니다. 이때 jQuery를 사용하면 간결하게 프로그램을 작성할 수 있으나, 제대로 DOM과 자바스크립트의 관계를 파악해야 하기 때문에 다소 복잡한 면이 있습니다.

조금 더 알기 쉽게 프로그램을 작성할 수 있는 환경은 없을까요? 있습니다. 그것이 바로 Vue.js입니다(그림 1-1).

Vue.js는 "초보자도 간단하게 웹 페이지에 인터랙티브한 기능을 추가하는 것이 가능한 라리브러리"입니다. 직관적으로 작성할 수 있고 간단하기 때문에 배우기 쉬운 게 특징입니다. 웹 페이지나 자바스크립트의 사용 방법을 이제 막 알아가는 수준의 초보자라도 바로 사용할 수 있습니다.

이 책을 통해 여러 가지 개발 코드들을 실습해 보며 웹 페이지에 이런저런 기능을 붙여가다 보면 실력이 쌓이면서 더 좋은 개발 아이디어가 떠오를 겁니다.

즐거운 여행 되시길 바랍니다.

Vue.js
URL https://kr.vuejs.org/

 원포인트 레슨 | **Vue.js를 지원하는 브라우저**

Vue.js는 ECMAScript 5의 기능을 사용하기 때문에 Internet Explorer 8 (IE8) 이전 버전을 지원하지 않습니다. 그러나 ECMAScript 5를 준수하는 브라우저는 모두 지원합니다.

[그림 1-1] Vue.js 공식 사이트

SPA의 장점

웹 페이지 하나에 여러 가지 기능을 넣어서 "하나의 페이지로 동작하는 웹 어플리케이션"을 "SPASingle Page Application"라고 합니다.

원래 웹 어플리케이션은 서버와 통신하며 페이지를 여러 번 바꾸며 동작하였습니다(그림 1-2). ❶ 유저가 무언가 조작하면 ❷ 그 데이터가 서버에 전송되고 ❸ 서버는 그 결과를 페이지로 만들어서 ❹ 되돌려 주면 브라우저는 그 페이지를 표시합니다. 이런 반복되는 과정 속에서 내용이 바뀔 때마다 브라우저는 페이지를 새로 읽어 들입니다.

그러나 SPA에서는 하나의 페이지만으로 동작을 이어갑니다(그림 1-3). 유저가 무언가 조작을 하면 화면에서 변경되는 부분만 내용이 바뀌는 방식으로 실행됩니다.

[그림 1-2] 기존의 웹 어플리케이션의 동작

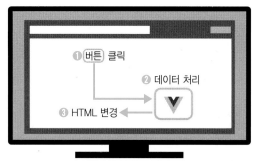

[그림 1-3] SPA 웹 어플리케이션의 동작

자연스럽게 변경되는 웹 페이지

웹 페이지의 내용이 변경될 때 페이지 전체를 읽어 들이지 않고, 부분만 변경하는 것이므로 내용이 변하는 것이 자연스럽고 빠릅니다. 문자가 표시될 때 페이드인 되며 아래로 이동해 가는 매끄러운 애니메이션 효과를 내기 쉬운 것도 특징 중 하나입니다.

서버와 프론트엔드의 역할 분담이 알기 쉬움

서버는 페이지를 만드는 처리가 필요 없게 되어 정말 필요한 데이터 처리에만 집중할 수 있습니다. 페이지의 표시나 서버에 요청할 필요조차 없는 작은 계산 처리는 프론트엔드에서 만들 수 있으므로 개발의 역할 분담이 쉬워집니다.

네이티브 어플리케이션 대신 사용하는 것도 가능

"하나의 페이지로 작성 가능하고 내용의 필요한 부분만 변경한다"라는 것은 말하자면 스마트폰 앱이나 PC용 앱의 화면 동작과 같다고 볼 수 있습니다. SPA는 그런 네이티브 앱(플랫폼 전용 앱)과 비교해도 손색이 없을 정도의 레벨이므로 SPA를 네이티브 앱 대신으로 사용할 수도 있습니다. 실제로 웹으로 작성하고 그 껍데기만 네이티브 앱으로 만들어서 배포하는 앱들도 많이 있습니다.

 **SPA**

빠른 속도를 요구하는 경우가 있으므로 이전에 SPA와 같은 웹 페이지는 플래시(Flash)로 만들었습니다. 이제 플래시는 거의 사용하지 않게 되었기 때문에 반응 속도가 더 빠른 SPA가 주목받고 있습니다.

Vue.js는 배우기 쉽고 가벼운 SPA를 만들 수 있습니다

이러한 장점 때문에 SPA에 관심이 집중되고 있습니다.

SPA를 만드는 것이 가능한 라이브러리로 유명한 것은 구글이 만든 풀 스택 프레임워크 "Angular JS", 페이스북이 만든 "React" 등이 있습니다.

Angular JS나 React는 대규모 어플리케이션을 개발할 때 사용합니다. 사이트 전체를 제대로 구성하고 만들 때, 환경설정과 엄격한 설계 등을 진행하기에 적합합니다. JAVA나 C# 등의 언어를 사용해본 개발자들이 사용하기에 용이합니다.

그에 반해 Vue.js는 가벼운 소규모 어플리케이션을 만드는 것을 목표로 만들어졌습니다. 중국의 에반 유Evan You가 개발하여 2014년에 릴리즈된 새로운 프레임워크입니다. 에반 유는 이전에 구글의 Angular JS 개발팀의 일원이었습니다. Vue.js의 개발 이유에 대해서는 이렇게 말하고 있습니다. "Angular의 정말 맘에 드는 부분만 추출하여 가벼운 것을 만들 때 사용할 수 있으면 어떨까? 그것이 Vue의 시작이었다." 심플하고 가벼운 SPA를 만들고 싶었던 것이겠죠.

게다가 "고등학교시절에는 플래시를 많이 갖고 놀았다."라고 이야기하고 있고 디자이너가 되고 싶어 뉴욕 디자인 학교에 다니기도 했다고 합니다. 그러니 "화면을 부드럽게 변화시키는 라이브러리"가 된 게 아닐까요?

💬 **참고 : Evan You**

「Between the Wires: An interview with Vue.js creator Evan You」

URL https://url.kr/fLh5JP

Vue.js는 "지금의 사이트에 SPA로 페이지를 추가하거나" "이미 있는 HTML 페이지에 부분을 만들어 추가하는" 등의 기능 추가에 적합합니다.

그렇다고 작은 기능 추가만 가능한 것은 아니고 고급 개발자가 되어 고급 기술의 SPA를 이용한 사이트 전체를 구축하는 것도 가능합니다. Vue.js는 페이지의 부분을 만들거나 페이지 전체를 만들고 사이트를 만드는 것까지 다양한 스케일로 SPA를 만들 수 있는 프레임워크입니다.

Vue.js의 특징

배우기 쉽고, 가볍고 심플한 SPA를 간단히 만들 수 있다.

 **Vue.js의 코드네임**

Evan You는 일본 애니메이션을 좋아한 듯합니다. Vue.js의 각 버전의 코드네임(표 1-1)에는 "에반게리온", "죠죠의 기묘한 모험" 등의 애니메이션 이름이 사용되고 있습니다. 이후의 코드네임이 어떻게 될지도 흥미로운 이야기 중 하나입니다.

[표 1-1] Vue.js의 각 버전별 코드네임

버전	코드네임	애니메이션명
0.9	Animatrix	애니매트릭스
0.10	Blade Runner	블레이드 러너
0.11	Cowboy Bebop	카우보이 비밥
0.12	Dragon Ball	드래곤볼
1.0	Evangelion	에반게리온
2.0	Ghost in the shell	고스트 인더쉘
2.1	Hunter X Hunter	헌터X헌터
2.2	Initial D	이니셜 D
2.3	Jo Jo's Bizarre Adventure	죠죠의 기묘한 모험
2.4	Kill la kill	킬라 킬
2.5	Level E	레벨 E
2.6	Macross	마크로스

어떤 것을 만들 수 있을까?

Vue.js를 써서 어떤 것을 만들 수 있을까요? Vue.js 공식 사이트에 가서 "배우기" 메뉴에서 "예제"를 선택해 봅시다(그림 1-4). 몇 가지 예제를 제공하고 있습니다.

[그림 1-4] "배우기" 메뉴에서 "예제" 선택

Vue.js 샘플

`URL` https://kr.vuejs.org/v2/examples

아래 예제는 모두 서버와의 통신 없이 브라우저에서만 실행 가능합니다.

Markdown 에디터

Markdown 에디터의 작성 예입니다(그림 1-5). 상세 내용은 9장에서 소개하도록 하겠습니다. 좌측에 문자를 입력하면 우측에 Markdown 형식으로 표시됩니다.

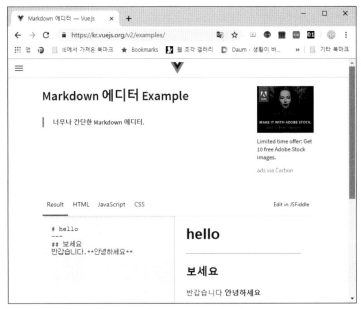

[그림 1-5] Markdown 에디터 예제

그리드 컴포넌트

테이블과 검색 문자를 사용한 예제입니다(그림 1-6). "Search" 칸에 문자를 입력하면 표에 있는
단어 중 해당 문자열이 있는 부분만 추려집니다.

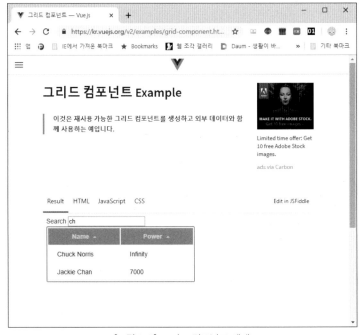

[그림 1-6] 그리드 컴포넌트 예제

SVG Graph

SVG 그래픽을 실시간으로 조작하는 예제입니다(그림 1-7). 각 슬라이드를 증감하면 해당 항목의 값이 증감하고 그래프의 모양이 변합니다.

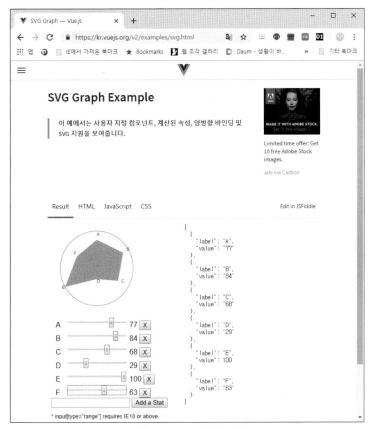

[그림 1-7] SVG 그래프 예제

ToDoMVC 예제

ToDo 리스트 기능의 작성 예제입니다(그림 1-8). 상세 내용은 11장에서 소개하겠습니다.

- "What needs to be done?" 칸에 문자를 입력하면 ToDo에 추가할 수 있습니다.
- 항목을 체크하면 그 항목은 옅은 색으로 변하고 취소선이 표시됩니다. 동시에 좌측 아래 "Item left"의 값이 변경됩니다.
- "Clear completed" 버튼을 클릭하면 체크된 항목이 삭제됩니다.

[그림 1-8] ToDoMVC 예제

메모

MVC

Model View Controller의 약어입니다. MVC 모델로 웹 어플리케이션을 작성할 경우, Model, View, Controller로 분리하는 것을 이야기합니다.

02 Vue.js는 "데이터와 뷰를 연결해 주는 역할"

HTML과 Vue.js의 관계와 함께 MVVM이라는
새로운 구조에 대해서 소개합니다.

Vue.js라는 것은 한마디로 말해서 데이터와 뷰view를 연결해주는 역할을 합니다. 조금 어려운 말이 될 수도 있지만 "MVVMModel-View-ViewMode"이라는 방식을 기본으로 만들어져 있습니다. "Model(Vue 안에 준비된 데이터)"과 "View(HTML에서 표시되는 요소)" 그리고 "ViewModel(View와 Model을 어떻게 연결할까)"로 나누어 생각하는 방식입니다(그림 1-9).

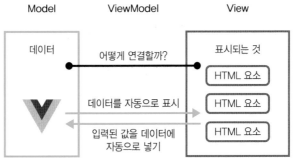

[그림 1-9] MVVM의 구조

정리하면 MVVM의 구조를 생각할 때는

"1. 데이터는 무엇인가?" "2. 표시되는 요소는 무엇인가?" "3. 어떤 식으로 연결되는가?"와 같은 흐름으로 생각하면 이해하기 쉽습니다.

1. 데이터는 무엇인가? (Model)
웹 페이지에서 바뀌는 부분은 어디인가? 그러기 위해서 필요한 데이터를 생각할 것

2. 표시되는 요소는 무엇인가? (View)
그 데이터가 HTML의 어느 부분에서 어떤 형식으로 표시되는가 생각할 것

3. 어떤 식으로 연결되는가? (ViewModel)
HTML의 어디가 조작될 때 데이터가 어떤 형식으로 변화되는가 생각할 것

화면에 보이는 것은 "HTML로 정의된 요소(View)"입니다만, 그 안쪽에는 "데이터를 다루고 있는 Vue.js 부분(Model)"이 있고 "그 데이터와 뷰를 어떤 식으로 연결시키고 있을까"라는 이미지로 생각해 봅시다.

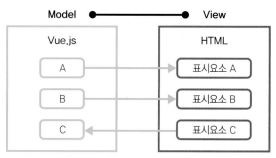

[그림 1-10] HTML과 Vue.js의 관계

데이터의 종류는 숫자, 문자, 불리언, 배열, 객체 등 자바스크립트에서 사용할 수 있는 데이터라면 모두 사용할 수 있습니다.

Vue.js의 작성 방법

데이터를 만들고, 표시하는 요소를 준비한 후, 연결한다.

Vue.js의 주요 기능 일람

Vue.js에는 여러 가지 기능이 있습니다만 간단하며 많지는 않습니다. 주요 기능은 아래 표와 같습니다(표 1-2). 이 책에서는 이 표에 나오는 기능에 맞추어 설명하고 있습니다.

[표 1-2] Vue.js의 주요 기능

기능	서식	해당 장
데이터를 있는 그대로 표시	{{데이터}}	2장
요소의 속성을 데이터로 지정	v-bind	3장
입력폼과 데이터의 연결	v-model	4장
이벤트 연결	v-on	5장
조건에 따라 표시	v-if	6장
반복해서 표시	v-for	7장
데이터를 사용한 계산	computed	8장
데이터의 변화 감시	watch	8장
표시/비표시에 애니메이션 처리	transition	10장
컴포넌트 조립	component	12장

03 설치해 봅시다

Vue.js를 설치하는 방법을 소개합니다.

Vue.js를 설치하는 방법에는 "CDN을 사용하는 방법" "다운로드하는 방법" "Vue-cli로 시작하는 방법" 등 여러 가지가 있습니다. 이 책에서는 입문자가 가볍게 시작할 수 있는 "CDN을 이용하는 방법"과 "다운로드 하는 방법"에 대해서 설명합니다. "Vue-cli로 시작하는 방법"은 대규모 어플리케이션을 구축할 때 사용하는 방법이므로 입문자에게는 권장하지 않습니다.

자, 그림 Vue.js 사이트의 설치 페이지를 봅시다(그림 1-11).

Vue.js 사이트의 설치 페이지

URL https://kr.vuejs.org/v2/guide/installation.html

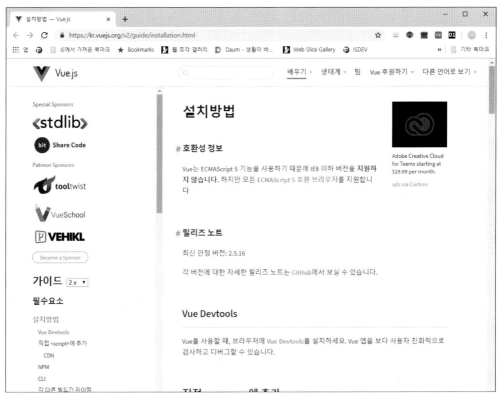

[그림 1-11] Vue.js 사이트의 설치 페이지

CDN을 사용하는 방법

가장 간단히 설치하는 방법은 "CDN을 사용하는 방법"입니다(그림 1-12).

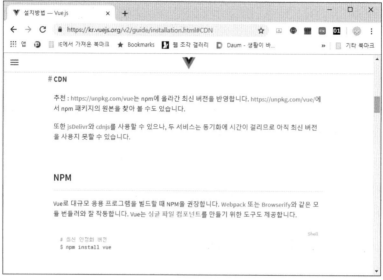

[그림 1-12] CDN을 사용한 Vue.js 설치

CDN은 "Content Delivery Network"의 약자로 네트워크에 공개된 라이브러리를 직접 읽어 들여 실행하는 방법입니다. 따라서 서버에 직접 라이브러리를 올려 둘 필요가 없습니다.

CDN 서비스에는 jsdelivr, unpkg, cdnjs 등 여러 가지 종류가 있습니다. Vue.js의 사이트에서는 jsdelivr를 사용하고 있으니 이것을 사용해 봅시다.

메모

CDN

개발 시점에서의 최신 버전을 선택하면 최신 환경을 사용할 수 있습니다. 버전을 지정해 두면 이후 버전업이 되어도 개발 시점에 사용했던 제대로 동작하는 버전을 이어서 사용할 수 있습니다.

개발용 "vue.js"와 공개용 "vue.min.js"가 있습니다만, 개발에서는 "vue.js"를 사용합니다. vue.js 는 프로그램에 문제가 있을 경우 경고를 출력해 줍니다.

```
<script src="https://cdn.jsdelivr.net/npm/vue@2.6.10/dist/vue.js"> </script>
```

예를 들어 준비되지 않은 데이터를 표시하려고 할 때, 브라우저의 콘솔 창을 확인하면 "[Vue warn] : Property or method "xxxxx" is not defined"라는 경고가 출력되고 "xxxxx라는 데이터나 명령어는 존재하지 않는다"라는 의미입니다.

[그림 1-13] vue.js가 출력하는 경고(countupError.html)

사이트 배포시에는 "vue.js"를 "vue.min.js"로 변경하여 사용합니다. 경고 출력 없이 최적화된 버전입니다. 사이즈를 줄이기 위해 공백이나 인덴트 변수명의 변경 등이 되어 있으므로 열어보아도 알아보기 힘들 것입니다.

```
<script src="https://cdn.jsdelivr.net/npm/vue@2.6.10/dist/vue.js"></script>
```

다운로드 하는 방법

CDN 다음으로 간단히 사용하는 방법이 "직업 읽어 들여 다운로드 하는 방법"입니다(그림 1-14).

[그림 1-14] 직접 읽어 들여 다운로드 하는 방법

이 방법에는 자신의 서버에 라이브러리를 올려 두고 읽습니다. "개발용 버전"과 "배포용 버전"이
준비되어 있습니다. CDN과 동일하게 개발중에는 "개발용 버전"을 사용하고 배포시에는 "배포용
버전"을 사용하도록 합시다.

04 한번 실행해 봅시다

프로그래밍 학습은 직접 해보는 것이 가장 중요합니다.
간단한 코드부터 직접 작성해봅시다.

이제 실제로 Vue.js 를 사용해서 프로그램을 만들어 봅시다.

[함께 해봐요] 클릭한 횟수를 표시하는 버튼 : countup.html

우선 만들어 볼 것은 "클릭한 횟수를 표시하는 버튼" 입니다. 아래 HTML 파일을 만들고, 브라우저를 열어 봅시다(예제 1-1). 버튼을 클릭할 때마다 숫자가 증가하는 기능이 완성되어 있습니다.

"1:" "2:" 등의 번호는 부연 설명을 하기 위한 것이므로 실제 HTML 작성시에 붙일 필요는 없습니다.

[예제 1-1] countup.html

```html
01  <!DOCTYPE html>
02  <html>
03    <head>
04      <meta charset="UTF-8">
05      <title>Vue.js sample</title>
06      <link rel="stylesheet" href="style.css" >
07      <script src="https://cdn.jsdelivr.net/npm/vue@2.6.10/dist/vue.js">
        </script>
08    </head>
09
10  <body>
11      <h2>클릭하면 카운터가 올라갑니다.</h2>
12      <div id="app">
13        <p> {{count}}회</p>
14        <button v-on:click="countUp">카운터</button>
15      </div>
16
17      <script>
18      new Vue({
```

```
19          el: "#app",
20          data: {
21              count:0
22          },
23          methods: {
24              countUp: function() {
25                  this.count++;
26              }
27          }
28      })
29      </script>
30  </body>
31  </html>
```

6행 : 디자인적으로 보기 좋게 "style.css"를 읽어 들여 사용하는 부분입니다. 이 장 끝에 설명하고 있는 "style.css"를 같은 폴더 안에 두고 실행하면 됩니다. 화면 디자인이 변경되는 것뿐이므로 6행은 없어도 실행하는 데는 문제가 없습니다.

7행 : CDN을 사용하여 vue.js를 설치하고 있습니다. 현시점에서의 최신 버전 `vue@2.6.10`을 사용하고 있습니다. vue.js의 설치 페이지에 기재되어 있는 최신판을 사용하여도 아무런 문제가 되지 않습니다.

11~15행 : 표시하는 요소는 이 다섯 줄뿐입니다.

17~29행 : vue.js 프로그램입니다.

실행 예는 [그림 1-15]와 같습니다. "카운터" 버튼을 클릭하면❶, 그 위에 있는 횟수 표시가 증가합니다❷.

[그림 1-15] 실행 예

다른 작성법

　　"countup.html"에서는 \<script\> 태그를 \<body\> 탭의 가장 아래 넣고 있습니다. 이는 vue.js가 실행될 때, "HTML을 먼저 읽어 들일 필요가 있기 때문"입니다. 그렇지만 "HTML 로딩이 완료된 후라면 실행"이 가능합니다. 바로 "window.onload"를 사용하면 \<div\> 탭보다 앞쪽에 넣는 것이 가능합니다.

[예제 1-2] countup1.html

```html
01  <!DOCTYPE html>
02  <html>
03     <head>
04        <meta charset="UTF-8">
05        <title>Vue.js sample</title>
06        <link rel="stylesheet" href="style.css" >
07        <script src="https://cdn.jsdelivr.net/npm/vue@2.6.10/dist/vue.js">
08                   </script>
09
10        <script>
11        window.onload = function() {
12           new Vue({
13              el: "#app",
14              data: {
15                 count:0
16              },
17              methods: {
18                 countUp: function() {
19                    this.count++;
20                 }
21              }
22           })
23        }
24        </script>
25     </head>
26
27     <body>
28        <h2>클릭하면 카운터가 올라갑니다.</h2>
29        <div id="app">
30           <p> {{count}}회</p>
31           <button v-on:click="countUp">카운터</button>
32        </div>
33     </body>
34  </html>
```

CSS 예제

style.css(예제 1-3)는 지정하지 않아도 동작하지만, 책에서는 CSS를 예제로써 사용하고 있습니다. 사용하지 않아도 상관없고 맘에 드는 CSS로 변경해서 사용해도 좋습니다. CSS에 대한 자세한 설명은 하지 않습니다. 필요하다면 다른 책을 참고하여 별도로 학습하기 바랍니다.

[예제 1-3] style.css

```css
01  @charset "UTF-8";
02  html {
03      width: 80%;
04      margin-right: auto;
05      margin-left: auto;
06      font-family: sans-serif;
07      font-size: 16px;
08      line-height: 1.5;
09  }
10
11  input,button,select,optgroup,textarea {
12      font-family: inherit;
13      font-size: inherit;
14      line-height: inherit;
15  }
16
17  button {
18      cursor: pointer;
19      padding: 6px 12px;
20      border-radius: 6px;
21      color: #fff;
22      border: 2px;
23      background-color: #007bff;
24      transition: background-color .2s
25  }
26  button:hover {
27      background-color: #0069d9;
28  }
29  button:active {
30      background-color: #003c7c;
31  }
32  button:disabled {
33      opacity: .5;
34      pointer-events: none;
35  }
```

```
36
37  input {
38      padding: 6px 12px;
39      border-radius: 6px;
40      color: #495057;
41      border: 2px solid #ced4da;
42  }
43
44  textarea {
45      width: 500px;
46      height: 200px;
47  }
48  select {
49      border: 2px solid #ced4da;
50  }
```

05 정리

1장을 복습해 봅시다.

그림으로 보고 이해하는 정리

Vue.js에서 SPA를 작성할 때는 먼저 CDN에서 Vue.js를 읽어 들입니다.

그리고 HTML 요소와 script 요소에서 만든 Vue 인스턴스를 연결합니다(그림 1-16).

HTML

```html
<html>
    <head>
        <title>Vue.js sample</title>
```
CDN에서 Vue.js를 읽어들임
```html
        <script src="https://cdn.jsdelivr.net/npm/vue@2.6.10/dist/vue.js">
        </script>

    </head>

    <body>

        <div id="app">
            <p> {{ myText }} </p>
        </div>
```
Vue.js와 연결하는 요소
```html
        <script>

        new Vue({
            el: '#app',
            data: {
                myText: 'Hello!!!'
            }
        })
```
Vue 인스턴스
```html
        </script>
    </body>
</html>
```

[그림 1-16] 그림으로 보고 이해하는 정리

작성 방법 복습

Vue.js의 기본적인 사용

1. Vue.js 라이브러리를 CDN으로 설치한다.

```html
<script src="https://cdn.jsdelivr.net/npm/vue@2.6.10/dist/vue.js"></script>
```

2. Vue와 연결되는 HTML 요소를 작성한다. HTML은 표시되고 싶은 곳에 "{{프로퍼티명}}" 혹은 "v-text="프로퍼티명""으로 지정한다.

```html
<div id="app">
    <p> {{ myText }} </p>
</div>
```

3. script 요소에서 Vue 인스턴스를 작성한다.

```html
<script>
    new Vue({
        el: '#app',
        data: {
            myText: 'Hello!!!'
        }
    })
</script>
```

정답은 백견불여일타 카페에서 제공됩니다.

1. 다음 중 Vue.js를 사용함으로써 얻는 좋은 점이 아닌 것은?

   가. 필요한 부분만 변경하여 자연스러운 화면 표시가 가능하다.

   나. 서버와 프론트엔드의 구분이 명확하여 개발 역할 분담이 쉽다.

   다. SPA 형태로 만들 수 있어 네이티브 어플리케이션으로 개발해도 손색이 없나.

   라. C, JAVA 등의 어려운 언어를 쉽게 습득할 수 있다.

2. HTML과 Vue.js의 MVVM 구조에는 아래와 같습니다. 각 약어가 나타내는 의미를 적절히 연결하시오.

   가. Model   A. 표시되는 요소

   나. View   B. 연결 방식

   다. ViewModel   C. 데이터

3. Vue.js와 Vue.min.js의 차이점을 설명하시오

1. 예제 countup.html을 수정하여 아래와 같이 버튼으로 카운터를 올리고 내리는 countupdown.html
   을 만들어 봅시다.

프로그램을 만들기 위해서는 다음과 같은 지식이 필요해요

- CDN으로 Vue.js 불러오기
- Vue.js 프로그램 작성하기

힌트!
아직 본격적으로 배우기 전이므로 본문에 나오는 countup.html을 참고하여 작성한다.

2장
데이터 표시

1장에서 Vue.js가 무엇인지 어느 정도 감이 왔을 것입니다. 1장에서는 어떻게 Vue.js를 개발하고 무엇을 개발할 수 있는지 그림으로만 보았다면, 2장부터는 세세하게 기능별로 Vue.js를 사용하는 방법을 알아보도록 하겠습니다. Vue.js는 개념보다는 무엇보다 사용법에 익숙해지는 게 좋습니다. 이러한 사용법을 바탕으로 조금 더 실력을 쌓아나가면 자신만의 무기(?)를 장착한 프론트엔드 페이지를 만들 수 있을 것입니다.

#핵심_키워드

#Vue_인스턴스 #데이터_표시
#데이터의_종류

Vue 인스턴스 만들기 : new Vue

SPA 작성의 첫걸음으로 Vue 인스턴스를 만들어 봅시다.

Vue.js로 SPA Single Page Application을 만드는 것은 먼저 Vue 인스턴스를 만드는 것으로부터 시작됩니다. "Vue 인스턴스"라는 것은 "SPA를 뒤에서 움직이게 하는 실체"라고 볼 수 있습니다. Vue 인스턴스에 여러 옵션을 붙이는 것으로 SPA 기능이 동작하기 시작합니다.

> **서식** Vue 인스턴스 작성

`JS`

```js
new Vue({Vue 인스턴스 내용})
또는
var 변수명 = new Vue({Vue 인스턴스 내용})
```

"Vue 인스턴스"에는 먼저 **"el 옵션"**과 **"data 옵션"**이 있습니다.

el 옵션에는 "어떤 HTML 요소와 연결할지"를 지정합니다.

HTML 중에 "<태그명 id="ID명">"라는 요소를 작성해 두고 el 옵션으로 el:"#ID명"으로 지정하는 것으로 그 요소와 연결됩니다.

data 옵션에서는 "어떤 데이터가 있는지"를 지정합니다.

"data : {데이터부분}"에서 데이터부분 영역에 "<프로퍼티명> : <값>"과 같은 형식으로 작성합시다. 이렇게 작성하는 것만으로 데이터가 만들어집니다. Vue.js에서는 데이터 이름을 '프로퍼티'라고 합니다. 만약에 데이터가 복수라면 콤마로 구분하여 나열하면 됩니다.

> **서식** Vue 인스턴스 작성(el, data 옵션)

`HTML`

```html
<div id="ID명">
</div>
```

```
new Vue({
    el: "#ID명",
    data:{ 프로퍼티명:값, 프로퍼티명:값
    }
})
```

메모

id="ID명"

HTML에 id="ID명"이라고 작성된 요소는 id를 지정 가능하여 사용 가능하지만 범위를 한정지을 수 있는 <div> 등을 쓰는 것이 이해하기 쉽습니다.

그 외에도 Vue 인스턴스에는

- 어느 HTML 요소를 연결할 것인가
- 어떤 데이터인가
- 어떤 처리를 하는가
- 어느 데이터를 사용하여 계산하는가
- 어느 데이터를 감시하는가

등 여러 가지가 있습니다(그림 2-1).

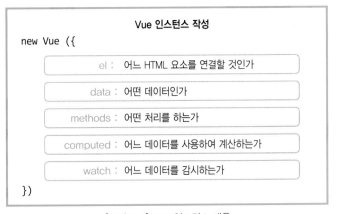

[그림 2-1] Vue 인스턴스 내용

02 데이터를 그대로 표시 : {{데이터}}

데이터를 만들고 표시해 봅시다.

이중중괄호({{ }})로 표시

먼저 데이터를 있는 그대로 표시해 봅시다. 데이터를 있는 그대로 출력하려면 이중중괄호
(Mustache, {{ }})를 사용합니다.

데이터를 있는 그대로 표시할 때는 {{데이터}}

HTML의 텍스트 부분에 {{ 프로퍼티명 }}이라고 작성합니다. 그 이중중괄호를 머스태시Mustache 태
그라고 합니다.

원포인트 레슨 | 머스태시

머스태시(Mustache)는 콧수염이라는 의미입니다. 중괄호 기호({)를 옆으로 눕히면 콧수염
처럼 보입니다(그림 2-2).

[그림 2-2] 머스태시를 옆으로 눕히면 콧수염으로

HTML에 프로퍼티명을 머스태시 탭으로 감싸는 것만으로 실행할 때 프로퍼티의 값이 변경되어 표시됩니다. "Vue 인스턴스의 데이터가 웹 페이지상의 표시와 결합하는 것"을 데이터 바인딩이라고 합니다.

데이터를 있는 그대로 표시

```
{{ 프로퍼티명 }}
```

데이터를 있는 그대로 표시하는 예제 : hello1.html

이제 데이터 "Hello!!!" 를 출력해 봅시다.

[예제 2-1] hello1.html

```html
01  HTML
02  <div id="app">
03    <p> {{ myText }}</p>
04  </div>
```

먼저 div 요소에 id="app"이라고 지정하고 Vue 인스턴스와 연결시킵니다.

그리고 div 요소 안에 문자를 출력할 곳에 "myText"를 머스태시 태그로 감쌉니다. 이름은 자유롭게 만들 수 있습니다. 표시 부분을 설정하면 그것으로 끝입니다.

[예제 2-1] hello1.html

```js
01  <script>
02    new Vue({
03      el: '#app',
04      data: {
05        myText:'Hello!!!'
06      }
07    })
08  </script>
```

다음은 Vue 인스턴스 설정입니다.

el:에 '#app'을 지정하면 HTML의 div 요소와 연결됩니다.

data:에 "myText" 프로퍼티를 쓰고 값으로 "Hello!!!"를 넣습니다.

실제로 한 것은 아래 세 가지뿐입니다.

1. div 요소와 vue 인스턴스 연결
2. 문자를 표시하고 싶은 곳에 머스태시 안에 프로퍼티명 입력
3. Vue 인스턴스의 "data:" 에 데이터 입력

자, 이제 브라우저로 실행해 봅시다. {{myText}} 부분이 "Hello!!!"로 표시되는 것을 확인할 수 있습니다(그림 2-3). [그림 2-4]에서는 Vue.js와 HTML이 어떤 식으로 역할 분담을 하고 있는지 그림으로 표시해 보았습니다. Vue.js의 데이터와 HTML의 웹 페이지가 계속 연결되어 있습니다.

[그림 2-3] "Hello!!!"를 출력

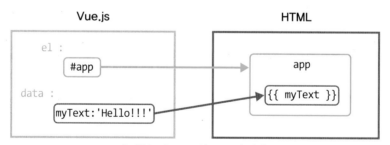

[그림 2-4] Vue.js와 HTML의 관계

48

v-text로 표시

데이터를 있는 그대로 표시하는 것은 머스태시 태그로 감싸기만 하면 되지만 이는 자주 사용되는 기능이기 때문에 특별히 제공되는 방식입니다

그러나 Vue.js에서 기본적으로 HTML의 요소에 대해서 실행하는 명령은 디렉티브입니다.

디렉티브라는 것은 "요소에 대해서 Vue가 어떤 일을 하는지를 지정하는 명령어"로써 앞에 "v-"가 붙어 있습니다. 앞서 이야기한 "데이터를 있는 그대로 표시" 하는 기능도 디렉티브를 사용한 방식으로 작성할 수 있습니다. 그것이 "v-text"입니다. 태그 안에 아래와 같이 넣어 사용합니다.

데이터를 v-text로 표시

```html
<태그명 v-text="프로퍼티명"></태그명>
```

머스태시 쪽이 좀더 간단해 보입니다.

[함께 해봐요] 데이터를 v-text로 표시하는 예제 : hello2.html

"Hello!!!" 문자를 v-text로 표시해 봅시다.

머스태시 태그 대신에 표시되는 HTML 태그에 v-text="myText"로 지정합니다. 그러면 이 태그에 myText의 값이 표시됩니다.

[예제 2-2] hello2.html

```html
01  <div id="app">
02    <p v-text="myText"></p>
03  </div>
```

Vue 프로그래밍은 "hello1.html"과 동일합니다.

[예제 2-2] hello2.html

```js
01  <script>
02    new Vue({
03      el: '#app',
04      data: {
05        myText:'Hello!!!'
```

```
06        }
07    })
08 </script>
```

실행 결과는 [그림 2-5]와 같습니다. `<p v-text="myText"></p>`에 "Hello!!!" 문자가 출력됩니다.

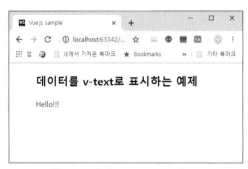

[그림 2-5] 데이터를 v-text로 표시

컬럼

싱글 쿼테이션과 더블 쿼테이션

HTML에도 JavaScript에도 문자열을 사용할 때는 "(더블 쿼테이션) 혹은 '(싱글 쿼테이션)으로 감쌉니다. 어느 쪽을 사용해도 괜찮지만 시작과 끝은 반드시 쌍을 이루어 같은 기호를 사용해야 합니다. "로 시작할 때는 "이 다시 나타날 때 까지가 범위이고 '로 시작할 때는 '가 다시 나타날 때까지가 문자열의 범위입니다.

이 두 가지의 쿼테이션이 있는 덕분에 문장 안에서 다른 쿼테이션을 사용할 수 있는 장점이 있습니다.

예를 들어 싱글 쿼테이션을 사용하면 `alert('나는 "안녕하세요"라고 말했다.');`라는 JavaScript를 실행할 때 문자열 안의 " 기호를 표시할 수 있습니다. 더블 쿼테이션을 사용한다면 `alert("I'm sorry");`를 실행할 때 ' 기호를 표시할 수 있게 됩니다.

또한 `template: '<p class="my-comp">나는 {{myName}} 입니다.</p>'` 등의 JavaScript를 이용하여 HTML 태그를 만들 때도 유용하게 쓸 수 있습니다.

실제로 HTML에서는 더블 쿼테이션을 사용하는 경우가 많고 JavaScript에서는 싱글 쿼테이션을 사용하는 경우가 많습니다. Google의 JavaScript 코딩 규약에서 싱글 쿼테이션을 추천하고 있기 때문일지도 모르겠습니다.

본서에서는 HTML에서는 더블 쿼테이션을 사용하고 Javascript에서는 싱글 쿼테이션을 사용하고 있습니다.

v-html로 표시

머스태시나 v-text는 텍스트를 그대로 표시하지만 HTML로 표시하고자 할 때는 "v-html"을 사용합니다.

서식	데이터를 HTML로 표시

```html
<태그명 v-html="프로퍼티명"></태그명>
```

 v-html을 사용할 때 주의점

HTML로 표시할 수 있는 것은 편리한 기능이지만 HTML이 자유롭게 추가가 가능한 것이 문제가 될 수 있습니다. 잘못된 HTML의 삽입으로 태그가 어긋난다든지 JavaScript를 넣어 실행시키는 것도 가능하므로 v-html을 사용할 때는 주의하는 것이 좋습니다.

[함께 해봐요] 데이터로 HTML을 표시하는 예제 : hello3.html

data:에 태그를 붙여 <h1>hello!!!</h1>을 준비하여 표시해 봅시다. 서로 다른 점을 알 수 있도록 "머스태시", "v-text", "v-html" 세 가지를 사용해서 작성하였습니다.

myText의 표시를 세 종류 방식으로 지정합니다.

[예제 2-3] hello3.html HTML

```html
01  <div id="app">
02      <p>{{ myText }}</p>
03      <p v-text="myText"></p>
04      <p v-html="myText"></p>
05  </div>
```

Vue 인스턴스의 data:에 myText의 값으로 <h1>hello!!!</h1>를 넣습니다.

```
01  <script>
02    new Vue({
03      el: '#app',
04      data: {
05        myText:'<h1>Hello!!!</h1>'
06      }
07    })
08  </script>
```

실행해 봅시다. 머스태시와 v-text에서는 태그도 그대로 출력됩니다만 v-html로 지정한 경우는 HTML 태그가 유효하게 표시되는 것을 알 수 있습니다(그림 2-6).

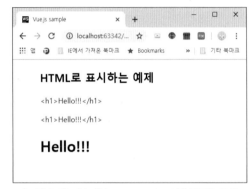

[그림 2-6] 머스태시, v-text, v-html 세 종류로 표시

03 사용할 수 있는 데이터의 종류

Vue.js에서 사용할 수 있는 데이터의 종류에 대해 연습해 둡시다.

기본적인 데이터

기본적인 데이터의 종류에는 숫자형, 문자형, 불린형 등이 있습니다. Vue.js도 JavaScript와 같이 입력된 값에 따라서 데이터형을 자동으로 결정합니다. 숫자 값이 입력되면 숫자형, 문자열이 입력되면 문자형, 불린형이 입력되면 불린형으로 자동으로 정해집니다.

[함께 해봐요] 여러 가지 데이터 형을 표시하는 예제 : datatext1.html

3종류의 데이터형을 표시해 봅시다. myNumber, myText, myBool과 3종류의 다른 값을 지정해 보도록 하겠습니다.

[예제 2-4] datatext1.html

```
01  <div id="app">
02    <p>{{ myNumber }}</p>
03    <p>{{ myText }}</p>
04    <p>{{ myBool }}</p>
05  </div>
```

Vue 인스턴스의 data: 에 myNumber, myText, myBool 값으로 각각 숫자형, 문자형, 불린형의 데이터를 지정합니다.

[예제 2-4] datatext1.html

```
01  <script>
02    new Vue({
03      el: '#app',
04      data: {
05        myNumber:12345,
06        myText:'Hello!!!',
```

```
07          myBool:true
08        }
09    })
10  </script>
```

실행해 봅시다. 각각의 값이 표시되는 것을 확인할 수 있습니다(그림 2-7).

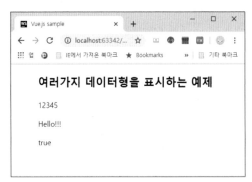

[그림 2-7] 여러 가지 데이터형을 표시

[함께 해봐요] JavasScript를 이용하여 표시하는 예제 : datatest2.html

머스태시에는 JavaScript를 사용하여 작성할 수 있습니다. 데이터를 조금만 수정해서 표시하고 싶은 경우에 사용하면 좋습니다.

"myPrice에 곱하기 계산" "myName에 문자열 추가" "myName 문자열 앞에 한 자리만 뽑기"를 만들어 봅시다.

[예제 2-5] datatest2.html

```html
01  <div id="app">
02      <p>{{ myPrice * 1.08 }}</p>
03      <p>{{ "안녕하세요~ "+ myName + "님" }}</p>
04      <p>{{ myName.substr(0,1) }}</p>
05  </div>
```

 **substr**

substr은 문자열에서 일부분을 잘라내는 JavaScript 명령어(메소드)로 "문자열.substr(<시작위치>, <잘라낼문자열길이>)" 형식으로 사용할 수 있습니다.

Vue 인스턴스의 data:에 myPrice, myName 값으로 각각 숫자형 문자형 데이터를 지정합니다.

[예제 2-6] datatest2.html

```js
01  <script>
02    new Vue({
03      el: '#app',
04      data: {
05        myPrice:500,
06        myName:'홍길동'
07      }
08    })
09  </script>
```

실행 결과는 [그림 2-8]과 같습니다. 머스태시 안에 Javascript를 지정하면 데이터가 처리되어 표시되는 것을 확인할 수 있습니다(그림 2-8).

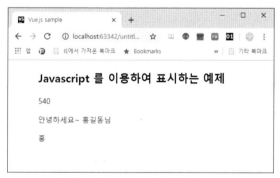

[그림 2-8] JavaScript를 사용하여 표시

배열

Vue.js는 배열 데이터도 사용할 수 있습니다. 배열에 값을 넣어두고 배열 자체를 다루거나 인덱스를 지정하여 배열 값에 접근할 수도 있습니다.

배열 데이터 만들기

```js
new Vue({
    el: "#ID명",
    data:{ <배열명>:[<값1>, <값2>, <값3>,...]
    }
})
```

배열 데이터 표시

```html
{{ 배열명[인덱스] }}
```

[함께 해봐요] 배열값을 표시하는 예제 : datatest3.html

배열의 데이터를 표시해 봅시다.

"배열 전체"와 "배열의 0번 인덱스"를 지정해둡니다.

[예제 2-7] datatest3.html

```html
01  <div id="app">
02      <p>{{ myArray }}</p>
03      <p>{{ myArray[0] }}</p>
04  </div>
```

Vue 인스턴스의 data:에 myArray의 값으로 배열 값을 넣습니다. 배열은 대괄호 안에 컴마 구분으로 넣으면 됩니다.

[예제 2-7] datatest3.html

```js
01  <script>
02      new Vue({
03          el: '#app',
04          data: {
```

```
05          myArray:['다즐링','얼그레이','실론']
06      }
07  })
08 </script>
```

실행 결과는 [그림 2-9]와 같습니다. "배열 전체"와 "배열의 0번 인덱스"가 표시되는 것을 확인할 수 있습니다.

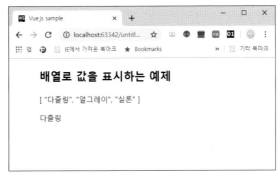

[그림 2-9] 배열값 표시하기

datatest3.html 코드에서는 배열의 각 데이터를 싱글 쿼테이션으로 감쌌습니다만 실행할 때 JavaScript는 배열의 각 데이터를 읽어와 다루게 되므로 감싸고 있는 기호는 아무런 의미가 없습니다. 출력할 때는 더블 쿼테이션으로 감싸져서 표시됩니다.

오브젝트형

Vue.js는 오브젝트 데이터도 사용할 수 있습니다. "키와 밸류의 한쌍"으로 오브젝트 데이터를 준비해두고 "<오브젝트명>.<키이름>"으로 지정하면 값을 표시할 수 있습니다.

"오브젝트 전체"와 오브젝트의 2개의 키를 지정해봅시다.

```html
01  <div id="app">
02      <p>{{ myTea }}</p>
03      <p>{{ myTea.name }} {{ myTea.price }}원</p>
04  </div>
```

Vue 인스턴스의 data:에 myTea의 중괄호를 이용하여 "키와 밸류 쌍"으로 오브젝트 데이터를 만듭니다. 여기서는 name:'다즐링'과 price:600 두쌍을 입력해 두었습니다.

```js
01  <script>
02      new Vue({
03          el: '#app',
04          data: {
05              myTea:{name:'다즐링', price:600}
06          }
07      })
08  </script>
```

실행 결과는 [그림 2-10]과 같습니다. "오브젝트 전체"와 name의 값, price의 값이 표시됨을 확인할 수 있습니다.

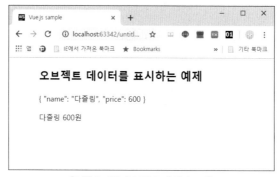

[그림 2-10] 오브젝트 데이터 표시

미리 준비한 데이터 사용하기

Vue 인스턴스도 JavaScript로 동작하는 하나의 인스턴스입니다. Vue 인스턴스를 만들기 전에 JavaScript로 만들어 놓은 데이터를 Vue 데이터로 읽어 들여서 사용할 수도 있습니다.

[함께 해봐요] **JavaScript로 만든 데이터를 표시하는 예제 : datatest5.html**

"오브젝트 전체"와 첫번째 오브젝트의 두개의 키에 해당하는 값을 표시해 봅시다.

[예제 2-9] datatest5.html

```html
01  <div id="app">
02      <p>{{ myTea }}</p>
03      <p>{{ myTea[1].name }} {{ myTea[1].price }}원</p>
04  </div>
```

Vue 인스턴스를 만들기 전에 JavaScript로 오브젝트 데이터 teaList를 만들어 둡시다. 이 오브젝트를 data:의 myTea에 값으로 입력합니다. 그러면 myTea에 teaList가 들어갑니다.

[예제 2-9] datatest5.html

```js
01  <script>
02      var teaList = [
03              {name:'다즐링', price:600},
04              {name:'얼그레이', price:500},
05              {name:'실론', price:500}
06          ];
07
08      new Vue({
09          el: '#app',
10          data: {
11              myTea: teaList
12          }
13      })
14  </script>
```

실행 결과는 [그림 2-11]과 같습니다. "오브젝트 전체"와 첫번째 오브젝트의 name 키와 price 키에 해당하는 값을 출력합니다.

[그림 2-11]

데이터의 내부를 확인하고 싶을 때

Vue.js에서는 데이터를 많이 만들었다 하더라도 data:의 내부를 보면 데이터 전체 구조를 알 수 있도록 이해하기 쉬운 구조로 제공해 줍니다.

그러나 실제의 데이터로 어떻게 읽어 들이고 있는지를 확인하고 싶을 경우에는 "$data"를 사용합니다. $data는 Vue 인스턴스에서 갖고 있는 모든 데이터입니다. 이것을 머스태시로 표시하면 읽어 들인 데이터를 모두 확인할 수 있습니다.

[함께 해봐요] **오브젝트의 내용을 확인하는 예제 : datatest6.html**

$data를 머스태시로 감싸면 전체 데이터가 표시됩니다.

[예제 2-10] datatest6.html

```html
01  <div id="app">
02    {{ $data }}
03    <hr>
04    <li v-for="(item, key) in $data">{{ key }} : {{ item }}</li>
05  </div>
```

여기서는 상세값을 출력하기 위해 v-for를 사용하여 데이터를 하나씩 표시하였습니다. v-for의 더 자세한 내용은 6장에서 설명하겠습니다.

동작을 확인하기 위해 Vue 인스턴스의 data:에 여러 가지 값을 넣어 봅시다.

[예제 2-10] datatest6.html

```js
01  <script>
02      new Vue({
03          el: '#app',
04          data: {
05              myText:'Hello!!!',
06              myNumber:12345,
07              myBool:true,
08              myArray:[1,2,3,4,5]
09          }
10      })
11  </script>
```

실행 결과는 [그림 2-12]와 같습니다. 전체의 데이터가 표시되고 데이터가 하나씩 표시됨을 확인할 수 있습니다.

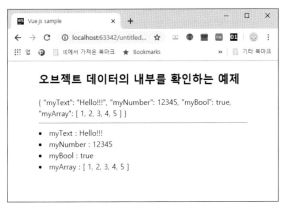

[그림 2-12] 오브젝트 데이터의 내부 표시

04 정리

2장의 내용을 복습해 봅시다.

그림으로 보고 이해하는 정리

준비된 데이터를 있는 그대로 표시하고 싶을 때는 머스태시를 사용합니다.

데이터는 Vue 인스턴스의 data:에 넣습니다 (그림 2-13).

HTML

```
<div id="app">
    <p>{{ myTea }}</p>
</div>
```

표시

Vue 인스턴스

```
new Vue({
    el: '#app',
    data: {
        myText:'Hello!!!'
    }
})
```

[그림 2-13] 그림으로 보고 이해하는 정리

작성법 복습

데이터를 있는 그대로 표시할 때

1. HTML로 표시하고 싶은 곳에 {{프로퍼티명}} 혹은 v-text="프로퍼티명"의 형식으로 작성합니다.

```html
{{myText}}
```

```html
<p v-text="myText"></p>
```

2. Vue 인스턴스의 data:에 프로퍼티를 넣고 "표시할 값"을 넣습니다.

```js
data:{
    myText:'hello!!!'
}
```

데이터를 HTML로 표시할 때

1. HTML로 표시하고 싶은 곳에 v-html="프로퍼티명"의 형식으로 작성합니다.

```html
<p v-html="myText"></p>
```

2. Vue 인스턴스의 data:에 프로퍼티를 넣고 "HTML 태그"를 넣습니다.

```js
data:{
    myText:'<h1>hello!!!</h1>'
}
```

여러 가지 데이터를 다룰 때

1. HTML에서 표시하고 싶은 곳에 {{프로퍼티명}}의 형식으로 작성합니다.

```html
<p>{{ myNumber }}</p>
<p>{{ myText }}</p>
<p>{{ myBool }}</p>
<p>{{ myArray }}</p>
<p>{{ myObject }}</p>
```

2. Vue 인스턴스의 data:에 프로퍼티를 넣고 "값"을 넣습니다.

   데이터의 종류는 숫자형, 문자형, 불린형, 배열, 오브젝트 등 JavaScript에서 사용할 수 있는 데이터라면 모두 사용할 수 있습니다.

```js
data: {
    myNumber:12345,
    myText:'Hello!!!',
    myBool:true,
    myArray:['다즐링','얼그레이','실론'],
    myObject:{name:'다즐링', price:600}
}
```

1. Vue에서 데이터를 그대로 표시할 때 쓰는 기호는?

2. 아래 생성된 vue 인스턴스에 대한 설명으로 올바른 것을 고르시오

```
01 <script>
02   new Vue({
03     el: '#app',
04     data: {
05       myText:'Hello!!!'
06     }
07   })
08 </script>
```

가. el은 태그의 CSS 클래스 이름이다.

나. 실제 HTML 안에서 {{myText}}를 사용하면 "Hello!!!"를 표시할 수 있다.

다. 문법 오류를 출력하여 동작하지 않는 스크립트이다.

라. 위 스크립트만으로 "Hello!!"를 표시할 수 있다.

3. 데이터를 있는 그대로 표시할 때 머스태시 방식 외에 사용할 수 있는 방법을 설명하시오.

4. v-html과 v-text의 다른 점을 설명해 보시오.

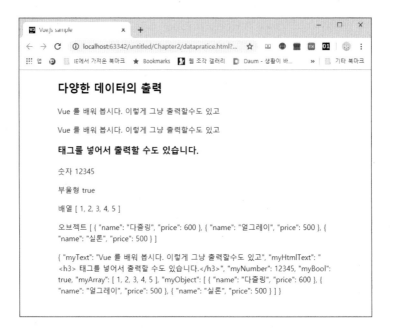

아래 Vue 인스턴스를 참조하여 위와 같이 출력되도록 HTML을 작성하여 완성해보세요

```
01  <script>
02      new Vue({
03          el: '#app',
04          data: {
05              myText:'Vue를 배워 봅시다. 이렇게 그냥 출력할 수도 있고',
06              myHtmlText:'<h3> 태그를 넣어서 출력할 수도 있습니다.</h3>',
07              myNumber:12345,
08              myBool:true,
09              myArray:[1,2,3,4,5],
10              myObject:[
```

```
11              {name:'다즐링', price:600},
12              {name:'얼그레이', price:500},
13              {name:'실론', price:500}
14          ]
15      }
16  })
17 </script>
```

프로그램을 만들기 위해서는 다음과 같은 지식이 필요해요

- HTML로 Vue 인스턴스의 데이터를 표시하는 방법

힌트!
데이터를 있는 그대로 출력하려면 머스태시(Mustache, {{ }})를 사용합니다.

수백 번 듣는 것보다 한번 만들어보란 하리라!

百見不如一打

백견불여일타

Vue.js **입문**

3장

속성을 지정할 때

2장에서는 데이터를 표현하는 방법을 배웠습니다. 이번 장에서는 데이터를 HTML 태그의 속성으로 사용하는 방법을 배워봅니다. 주로 v-bind를 이용하는데, 말 그대로 데이터를 바인딩(묶는다, 엮다 정도의 의미)하는 것이라고 이해하면 됩니다. 이미지를 다양하게 묶어서 표현하거나 정렬 등도 자유롭게 할 수 있고 링크 또한 다양한 표현으로 구현할 수 있습니다.

#핵심_키워드

#v-bind_사용법 #링크_지정
#블록_정렬

요소의 속성을 데이터로 지정하는
: v-bind

요소의 속성을 프로그램에서 지정해 봅시다.

앞장에서 봤듯이 데이터를 화면에 표시하는 것이 가능하였습니다. 여기에 추가로 데이터는 "HTML 태그의 속성으로 사용"하는 것도 가능합니다. 이러한 역할을 해주는 것이 "v-bind 디렉티브"입니다.

태그의 속성을 데이터로 지정할 때에는 v-bind

서식 태그의 속성을 데이터로 지정

HTML

```html
<태그명 v-bind:속성="프로퍼티명"></태그명>
```

v-bind를 사용하면 데이터에 여러 가지 HTML 태그의 속성을 지정할 수 있습니다. 여러 태그 지정 방법을 소개합니다.

컬럼

v-bind의 생략

v-bind는 자주 쓰이는 디렉티브로 생략이 가능합니다. 다음 예제와 같이 v-bind 대신에 ":" 만 써도 됩니다.

HTML

```html
<a v-bind:href="url">
<a :href="url">
```

이미지 지정하기

img 태그의 src 속성의 파일명을 data:에 값으로 지정할 수 있습니다.

서식 **img 태그의 src를 데이터로 지정**

`HTML`

```html
<img v-bind:src="프로퍼티명<<이미지>>"></img>
```

[함께 해봐요] **이미지를 지정하는 예제 : bindtext1.html**

img 태그의 이미지 파일명을 data:로 지정할 수 있습니다. 비교해 보기 위해 일반적인 지정과
v-bind를 사용한 지정의 두 가지를 확인해 봅시다.

v-bind를 사용해서 img 태그의 src 속성에 파일명을 지정합니다. fileName 프로퍼티에는 이미지 파
일명이 들어갈 것입니다.

[예제 3-1] bindtext1.html

`HTML`

```html
01  <div id="app">
02    <img src="face1.png">직접지정</img>
03    <img v-bind:src="fileName">v-bind로 지정</img>
04  </div>
```

Vue 인스턴스의 data:에 fileName 프로퍼티를 넣고 값으로 파일명을 입력하였습니다. "face1.png"
라는 이름의 파일을 준비하고 지정합니다.

[예제 3-1] bindtext1.html

`JS`

```js
01  <script>
02    new Vue({
03      el: '#app',
04      data: {
05        fileName:'face1.png'
06      }
07    })
08  </script>
```

실행 결과는 [그림 3-1]과 같습니다. face1.png가 화면에 출력됨을 확인할 수 있습니다.

[그림 3-1] img 태그의 속성 src를 이미지 파일로 지정

링크 지정

a 태그의 링크를 data:의 프로퍼티로 URL을 지정할 수 있습니다. "배열"로 준비된 링크들을 자동으로 나열하기" 등의 용도로도 사용할 수 있습니다.

> **서식** a 태그의 링크를 데이터로 지정

```html
<a v-bind:href="프로퍼티명<<링크>>"></a>
```

> **[함께 해봐요]** **링크를 지정하는 예제 : bindtest2.html**

a 태그의 링크를 data:로 지정해 봅시다.

비교를 위해 일반적인 지정과 v-bind를 이용한 지정 두 가지를 확인해 봅시다.

v-bind를 사용해서 a 태그의 href 속성을 지정합니다. myURL 프로퍼티에는 링크할 URL을 입력합니다.

```html
01  <div id="app">
02      <a href="https://roadbook.co.kr/">링크를 직접지정</a><p>
03      <a v-bind:href="myURL">링크를 v-bind로 지정</a>
04  </div>
```

다음으로 Vue 인스턴스의 data:에 myURL 값으로 이동할 URL을 입력합니다. 로드북 홈페이지
(https://roadbook.co.kr)로 연결해 봅시다.

[예제 3-2] : bindtest2.html

```js
01  <script>
02      new Vue({
03          el: '#app',
04          data: {
05              myURL:'https://roadbook.co.kr/'
06          }
07      })
08  </script>
```

실행해 봅시다. 클릭하면 지정한 링크로 이동함을 확인할 수 있습니다.

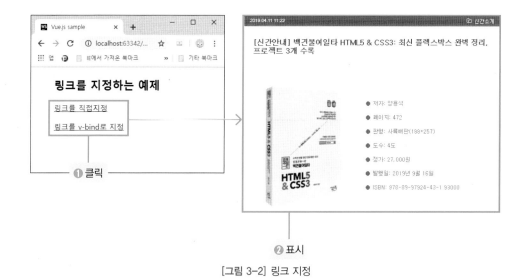

[그림 3-2] 링크 지정

우측 정렬, 좌측 정렬, 가운데 정렬 등의 지정

블록이나 셀에서의 align을 data:의 값으로 지정할 수도 있습니다. h1 태그, p 태그, div 태그 등에서 쓸 수 있습니다.

블록태그에서 align 요소 지정

```html
<p v-bind:align="프로퍼티명"></p>
```

align 지정 : bindtest3.html

p 태그의 align을 data:로 지정해봅시다.

비교를 위해 일반적인 지정과 v-bind를 사용한 지정 두 가지를 확인해 봅시다.

v-bind를 사용하여 p 태그의 align을 지정합니다. myAlign 프로퍼티에는 우측정렬 값을 입력합니다.

[예제 3-3] : bindtest3.html

```html
01  <div id="app">
02      <p align="right">우측정렬 직접 지정</p>
03      <p v-bind:align="myAlign">우측정렬을 v-bind 로 지정</p>
04  </div>
```

Vue 인스턴스의 data:에 myAlign 프로퍼티 값으로 right를 입력합니다.

[예제 3-3] : bindtest3.html

```js
01  <script>
02      new Vue({
03          el: '#app',
04          data: {
05              myAlign:'right'
06          }
07      })
08  </script>
```

실행 결과는 [그림 3-3]과 같습니다. 문자가 우측 정렬되어 표시됨을 확인할 수 있습니다.

[그림 3-3] 우측정렬 지정하기

인라인 스타일 지정

인라인 스타일로 data:의 값을 지정할 수도 있습니다

`서식` style을 데이터로 지정

```html
<p v-bind:style="프로퍼티명"></p>
```

예를 들어 색, 글자 크기, 배경색 등을 지정하고자 할 때 사용합니다.

`서식` color를 style로 지정

```html
<p v-bind:style="{color:프로퍼티명}"></p>
```

`서식` font-size를 style로 지정

```html
<p v-bind:style="{fontSize:프로퍼티명}"></p>
```

`서식` background-color를 style로 지정

```html
<p v-bind:style="backgroundColor:프로퍼티명"></p>
```

케밥 표기법, 카멜 표기법, 파스칼 표기법

인라인 스타일을 지정할 때는 주의할 점이 있습니다. 예를 들어 "font-size"의 스타일은 "fontSize", "background-color"의 스타일은 "backgroundColor" 등 표기법이 조금씩 다릅니다. 이것은 명명 규칙(이름을 붙이는 룰)의 차이점입니다.

보통 HTML이나 CSS에서는 "케밥 표기법"을 사용합니다. "font-size", "background-color"과 같이 복수의 단어 사이를 "-(하이픈)"으로 연결하여 쓰는 방식으로 고기를 꼬치에 끼운 케밥 요리와 같이 보인다고 하여 "케밥 표기법"이라고 합니다. 문자는 모두 소문자를 사용합니다.

이와 달리 JavaScript에서는 주로 "카멜 표기법"을 사용합니다. 예를 들어 "fontSize", "backgroundColor"와 같이 복수의 단어를 연결할 때 두번째 이후 단어의 시작은 대문자로 표기하는 방식입니다. 대문자 표기가 "낙타의 등"과 같은 모양이라고 하여서 "카멜 표기법"이라고 부릅니다.

또한 JavaScript에서도 Class명 등은 "파스칼 표기법"을 사용합니다. 예를 들어 "FontSize", "BackgroundColor"와 같이 복수의 단어의 시작은 모두 대문자로 표시합니다. Pascal 기법이라고도 부르며 프로그래밍 언어 파스칼에서 쓰이면서부터 파스칼 표기법이라고 하기 시작했습니다. 보통 인라인 스타일은 CSS를 그대로 쓰기 때문에 "font-size" 등의 케밥 표기법을 사용하지만 v-bind로 지정하는 경우는 JavaScript를 사용하므로 "fontSize" 형식의 카멜 표기법을 사용합니다.

[함께 해봐요] 인라인 스타일 지정 : bindtest4.html

글자색과 글자 크기, 배경색을 인라인 스타일로 data: 프로퍼티로 지정해봅시다. 비교를 위해 일반적인 지정과 v-bind를 이용한 지정 두 가지를 확인해 봅시다.

v-bind로 지정하는 myColor, mySize, myBackColor 프로퍼티에는 각각 알맞은 값을 입력하였습니다.

[예제 3-4] : bindtest4.html

```html
01  <div id="app">
02    <p style="color: #E80;">문자색 직접 지정</p>
03    <p v-bind:style="{ color: myColor }">문자색을 v-bind로 지정</p>
04    <hr>
```

```
05    <p style="font-size: 200%">글자 크기 직접 지정</p>
06    <p v-bind:style="{ fontSize: mySize }">글자크기를 v-bind로 지정</p>
07    <hr>
08    <p style="background-color: aqua;">배경색 직접 지정</p>
09    <p v-bind:style="{ backgroundColor: myBackColor }">배경색을 v-bind로 지정</p>
10  </div>
```

Vue 인스턴스의 data:에 myColor, mySize, myBackColor에 적절한 style 값을 넣습니다.

[예제 3-4] : bindtest4.html

```
01  <script>
02    new Vue({
03      el: '#app',
04      data: {
05        myColor:'#E08000',
06        mySize:'200%',
07        myBackColor:'aqua'
08      }
09    })
10  </script>
```

실행 결과는 [그림 3-4]와 같습니다. 데이터로 지정한 글자색, 글자 크기, 배경색이 표시되는 것을
확인할 수 있습니다.

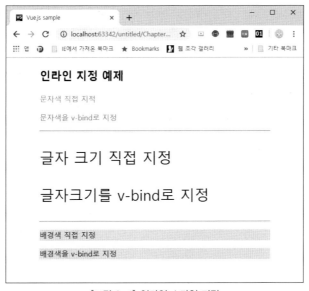

[그림 3-4] 인라인 스타일 지정

클래스 속성 지정

클래스 속성의 클래스명을 "data:"의 값으로 지정할 수도 있습니다. 또한 특정 클래스를 붙일지 붙이지 않을지도 값으로 지정할 수 있습니다.

서식 class를 데이터로 지정

```html
<p v-bind:class="프로퍼티명<<클래스명>>"></p>
```

서식 class를 데이터로 복수 지정

```html
<p v-bind:class="[프로퍼티명<<클래스명>>,프로퍼티명<<클래스명>>]"></p>
```

서식 class의 활성화를 데이터로 지정

```html
<p v-bind:class="{'클래스명':프로퍼티명<<true/false>>}"></p>
```

[함께 해봐요] 클래스 지정 : bindtest5.html

취소선과 배경을 어둡게 하는 클래스를 준비하고 글자색과 글자 크기와 배경색을 인라인으로 지정해 봅시다.

[예제 3-5] : bindtest5.html

```css
01  <style>
02    .strike-through {
03       text-decoration: line-through;
04       color:lightgray
05    }
06    .dark {
07       background-color:gray
08    }
09  </style>
```

취소선용 클래스와 배경을 어둡게 하는 클래스를 strike-through, dark라는 이름으로 준비합시다.
비교를 위해 일반 지정과 v-bind 지정, 두 가지 방식을 확인해 보겠습니다.

v-bind:class="myClass"라고 지정하면 myClass의 값으로 들어있는 클래스를 지정할 수 있습니
다. v-bind:class="[myClass, darkClass]"라고 지정하면 myClass와 darkClass의 값으로 들어있
는 두개의 클래스로 지정 가능합니다. v-bind:class="{'strike-throgh':isOn}"이라고 지정하면
isOn이 true일 때는 strike-through 클래스가 활성화하고 false일 때는 비활성화합니다.

[예제 3–5] : bindtest5.html

```html
01  <div id="app">
02      <p class="strike-through">직접 클래스 지정</p>
03      <p v-bind:class="myClass">v-bind로 클래스 지정</p>
04      <p v-bind:class="[myClass, darkClass]">v-bind로 복수의 클래스 지정</p>
05      <p v-bind:class="{'strike-through': isON}">데이터로 클래스 ON/OFF</p>
06  </div>
```

Vue 인스턴스의 data:에 myClass, darkClass를 프로퍼티로 넣고 클래스명을 값으로 넣습니다.
isOn에는 클래스가 활성화하도록 true 값을 넣습니다. false로 하면 이 클래스는 비활성화합니다.

[예제 3–5] : bindtest5.html

```js
01  <script>
02      new Vue({
03          el: '#app',
04          data: {
05              myClass: 'strike-through',
06              darkClass: 'dark',
07              isON: true
08          }
09      })
10  </script>
```

실행 결과는 [그림 3-5]와 같습니다. 전부 strike-through 클래스가 반영되어 있고 두개의 클래스를 반영한 세번째는 dark 클래스도 반영되어 있는 것을 확인할 수 있습니다.

[그림 3-5] 클래스 속성 지정

02 정리

3장을 복습해 봅시다.

그림으로 이해하는 정리

준비한 데이터로 HTML의 속성을 지정하고 싶은 경우에는 v-bind를 사용합니다. 데이터는 Vue 인스턴스의 data:에 입력해두면 됩니다.

HTML

```
<div id="app">
<img v-bind:src="fileName" ></img>
</div>
```

표시

Vue 인스턴스

```
new Vue({
    el: '#app',
    data: {
        fileName:'face1.png'
    }
})
```

[그림 3-6] 그림으로 이해하는 정리

작성법 복습

이미지 지정

1. HTML의 이미지 태그에 v-bind:src="프로퍼티명"과 같이 작성한다.

```HTML
<img v-bind:src="fileName"></img>
```

2. Vue 인스턴스의 "data:"에 프로퍼티를 준비하고 "이미지파일명"을 입력한다.

```js
data:{
    fileName:'face1.png'
}
```

링크 지정

1. HTML의 a 태그에 v-bind:href="프로퍼티명"과 같이 작성한다.

```html
<a v-bind:href="myURL"></a>
```

2. Vue 인스턴스의 data:에 프로퍼티를 준비하고 "링크 URL"를 입력한다.

```js
data:{
    myURL:'링크URL'
}
```

우측 정렬, 좌측 정렬, 가운데 정렬 지정

1. HTML의 블록/셀 태그에 v-bind:align="프로퍼티명"과 같이 작성한다.

```html
<p v-bind:align="myAlign"></p>
```

2. Vue 인스턴스의 data:에 프로퍼티를 준비하고 "right, left, center" 등의 정렬값을 입력한다.

```js
data:{
    myAlign:'right'
}
```

1. 태그의 속성을 Vue 인스턴스의 data 값으로 지정할 때 쓰는 디렉티브명은?

2. 아래 v-bind에 대한 설명 중 틀린 내용을 고르시오.

   가. 이미지 속성 src를 Vue 인스턴스의 data 값으로 지정할 수 있다.

   나. 인라인 스타일은 v-bind를 통해 지정할 수 없다.

   다. v-bind를 이용하여 클래스 속성을 지정할 수 있다.

3. 보통 HTML이나 CSS에서 사용하고 "font-size", "background-color"과 같이 하이픈을 사용하여 연결하여 쓰는 방식을 사용하는 표기법은 무엇인가?

4. v-bind를 이용하여 class를 복수로 지정할 때 data에 선언된 클래스 이름이 myClass, darkClass라면 아래 태그 안에 어떻게 넣어야 하는지 채워 넣으시오.

```
<p v-bind:class="(    )">v-bind 로 복수의 클래스 지정</p>
```

3장에서 나온 예제들을 참조하여 아래 태그의 텍스트처럼 v-bind를 사용(혹은 생략)하여 태그 데이터를 추가하고 속성 값들을 지정해 봅시다.

```
01  <div id="app">
02      <p><a>네이버로 연결</a></p>
03      <p><img>face2.png 표시</img></p>
04      <p>텍스트를 왼쪽 정렬</p>
05      <p>텍스트를 오른쪽 정렬</p>
06      <p>텍스트를 가운데 정렬</p>
07      <p>인라인 스타일로 글자색을 빨간색으로</p>
08      <p>인라인 스타일로 글자크기를 150% 크게 빨간색으로</p>
09      <p>인라인 스타일로 글자크기를 150% 크게 빨간색으로 배경은 노란색으로</p>
10      <p>blue-underline class 지정</p>
11      <p>blue-underline, strike-through class 지정</p>
12  </div>
```

정상적으로 작성하였다면 아래와 같은 결과물이 출력될 것입니다.

프로그램을 만들기 위해서는 다음과 같은 지식이 필요해요

- v-bind 사용 방법

힌트!

v-bind로 이미지를 지정하기 위한 HTML은 다음과 같습니다.

```
<img v-bind:src = "fileName"></img>
```

유저 입력을 데이터에 연결하기
: v-model

4장

유저 입력을 연결할 때

사용자는 브라우저에서 수동적으로 보기만 하지는 않습니다. 무언가 입력하고 선택하기도 하며 그 결과를 브라우저에 바로 볼 수도 있죠. 그렇다면 Vue.js는 이러한 사용자의 행위를 어떻게 처리할까요? 이러한 처리를 가능하게 해주는 v-model을 이용한 기술을 알아봅니다.

#핵심_키워드

#v-model #데이터_입력 #체크박스

01 입력 폼을 데이터와 연결하기
: v-model

브라우저에서 유저가 입력한 내용을 가져와 활용하는 방법을 학습합니다.

이제까지는 "Vue 인스턴스의 데이터를 웹 페이지에 표시하는 방법"에 대해 학습했습니다. 다음은 "유저의 입력을 Vue 인스턴스의 데이터로 입력하는 방법"에 대해서 학습합니다.

먼저 폼 입력과 데이터를 연결하는 방법입니다. 이는 "v-model 디렉티브"를 사용합니다. "Vue 인스턴스의 데이터가 웹 페이지에 표시되고 웹 페이지에서 입력한 값이 Vue 인스턴스의 데이터에 반영"되므로 양방향 바인딩이라고도 합니다.

폼 입력과 데이터를 연결할 때는 v-model

---

v-model 디렉티브는 input 태그, select 태그, textarea 태그 등을 사용합니다.

서식 **폼 입력과 데이터를 연결하기**

`HTML`

```
<태그명 v-model="프로퍼티명">
```

텍스트 : input

input 태그의 텍스트를 Vue 인스턴스의 데이터와 연결할 수 있습니다. 텍스트를 입력하고 있는 중에도 데이터는 갱신됩니다.

서식 **input 태그의 텍스트를 Vue 인스턴스의 데이터와 연결**

`HTML`

```
<input v-model="프로퍼티명">
```

유저가 입력한 이름을 그대로 출력해 봅시다.

input 태그에 v-model="myName"으로 지정하면 입력된 문자열이 myName에 들어가게 됩니다. 이것을 바로 아래 {{myName}}으로 쓰게 되면 출력되는 것을 볼 수 있습니다.

[예제 4-1] modeltest1.html

```html
01  <div id="app">
02      <input v-model="myName" placeholder="이름">
03      <p>나는 {{ myName }} 입니다.</p>
04  </div>
```

Vue 인스턴스에는 data:에 myName을 프로퍼티로 준비하고 값은 비워 둡니다.

[예제 4-1] modeltest1.html

```js
01  <script>
02      new Vue({
03          el: '#app',
04          data: {
05              myName:''
06          }
07      })
08  </script>
```

실행 결과는 [그림 4-1]과 같습니다. 텍스트를 입력하면 바로 아래 표시되는 것을 확인할 수 있습니다.

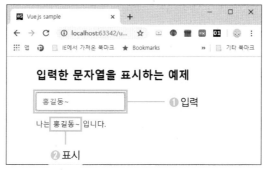

[그림 4-1] 입력한 문자열 표시

복수행 텍스트 : textarea

textarea 태그의 복수행 텍스트를 Vue 인스턴스의 데이터로 연결할 수도 있습니다.
입력하고 있는 중에도 데이터는 갱신됩니다.

textarea 태그의 텍스트를 Vue 인스턴스의 데이터와 연결

```html
<textarea v-model="프로퍼티명"></textarea>
```

[함께 해봐요] **입력한 문장과 문자수를 표시하는 예제 : modeltest2.html**

유저가 입력하고 있는 문장과 그 문자수를 출력해 봅시다.

textarea 태그에 v-model="myText"라고 지정하면 입력된 문자열이 myText에 들어가게 됩니다.
입력된 문자열 바로 아래 {{myText}}라고 입력하면 그대로 출력하게 됩니다. 동시에 문자수도
{{myText.length}}라고 입력하면 입력하는 문자열의 길이도 출력합니다.

[예제 4-2] modeltest2.html

```html
01  <div id="app">
02    <textarea  v-model="myText"></textarea>
03    <p>문장은,「{{ myText }}」</p>
04    <p>문자수는 {{ myText.length }} 자입니다.</p>
05  </div>
```

Vue 인스턴스에서는 data:에 myName 프로퍼티를 준비해두고 값으로 "오늘 날씨 좋습니다"라고 입
력해둡니다.

[예제 4-2] modeltest2.html

```js
01  <script>
02    new Vue({
03      el: '#app',
04      data: {
05        myText:'오늘 날씨 좋습니다.'
06      }
07    })
08  </script>
```

실행 결과는 [그림 4-2]와 같습니다. 텍스트를 입력하면 바로 아래 출력되고 그 아래 문자수도 출력되는 것을 확인할 수 있습니다.

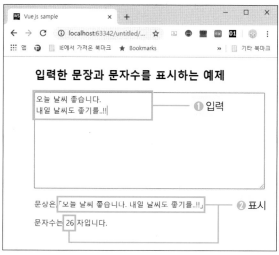

[그림 4-2] 입력한 문장과 문자수를 표시

체크박스 : input checkbox

input 태그의 체크박스의 값을 Vue 인스턴스의 데이터와 연결할 수 있습니다. 값은 true/false 불린값입니다. "체크박스 하나의 값을 데이터와 연결" 하는 것과 "복수의 체크박스의 값을 데이터와 연결"할 수 있습니다.

> **서식** **체크박스의 값을 Vue 데이터와 연결**

```html
<input type="checkbox" v-model="프로퍼티명">
```

[함께 해봐요] 체크박스의 ON/OFF를 확인하는 예제 : modeltest3.html

체크박스 하나의 상태(ON/OFF)를 출력해 봅시다.

체크박스에 v-model="myCheck"로 지정하면 ON/OFF의 상태가 값으로 myCheck에 들어갑니다. "{{myCheck}}"로 출력하여 확인할 수 있습니다.

```html
01  <div id="app">
02      <label><input type="checkbox" v-model="myCheck">
03      체크박스의 상태는 {{ myCheck }}</label>
04  </div>
```

Vue 인스턴스의 data:에 myCheck 프로퍼티를 준비하고 값으로 false를 입력해둡니다.

```js
01  <script>
02      new Vue({
03          el: '#app',
04          data: {
05              myCheck: false
06          }
07      })
08  </script>
```

실행 결과는 [그림 4-3]과 같습니다. 체크박스를 ON/OFF 하면 그 상태가 표시됨을 확인할 수 있습니다.

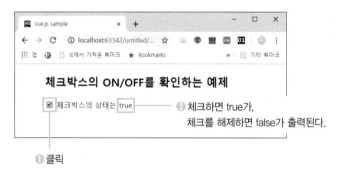

[그림 4-3] 체크박스의 ON/OFF를 확인하는 예제

[함께 해봐요] 복수의 체크박스의 ON을 배열로 만드는 예제 : modeltest4.html

복수의 체크박스를 묶어서 다룰 수 있습니다. 복수의 체크박스의 v-model에 "동일한 프로퍼티명을 지정" 하는 것으로 하나의 그룹으로 묶어 사용할 수 있습니다. 데이터는 배열형이 됩니다. 이 경우 value에 각각 다른 값을 지정하는 것이 포인트입니다. 지정한 값으로 체크박스를 구분합니다.

```html
<input type="checkbox" value="값1" v-model="동일한프로퍼티명">
<input type="checkbox" value="값2" v-model="동일한프로퍼티명">
<input type="checkbox" value="값3" v-model="동일한프로퍼티명">
```

복수의 체크박스에 v-model="myChecks"와 같이 동일한 프로퍼티명으로 지정하면 하나의 그룹으로 묶입니다. 각각의 value에 다른 값을 넣어 구분하면 mychecks에는 ON 상태의 이름만 들어가게 됩니다. {{myChecks}}로 출력을 확인할 수 있습니다.

[예제 4-4] modeltest4.html

```html
01  <div id="app">
02      <label><input type="checkbox" value="red" v-model="myChecks">
03          적</label><br>
04      <label><input type="checkbox" value="green" v-model="myChecks">
05          녹</label><br>
06      <label><input type="checkbox" value="blue" v-model="myChecks">
07          청</label><br>
08      선택한 색은 {{ myChecks }}
09  </div>
```

Vue 인스턴스의 data:에 myChecks를 프로퍼티로 준비해두고 값을 빈 배열로 초기화합니다.

[예제 4-4] modeltest2.html

```js
01  <script>
02      new Vue({
03          el: '#app',
04          data: {
05              myChecks:[]
06          }
07      })
08  </script>
```

실행 결과는 [그림 4-4]와 같습니다. 각각의 체크박스를 ON/OFF 하면 체크한 값이 표시되는 것을 확인할 수 있습니다.

[그림 4-4] 복수의 체크박스의 ON을 배열로 만드는 예제

[함께 해봐요] **동의에 체크하면 송신 버튼이 활성화되는 예제 : modeltest5.html**

체크박스의 상태를 사용하여 다른 버튼을 활성/비활성 하는 구조를 만들어 봅시다.

버튼(button)을 disable로 지정하면 활성/비활성화 할 수 있습니다(true일 경우 활성, false일 경우 비활성).

서식 버튼의 활성/비활성을 데이터로 지정

```HTML
<button v-bind:disable="프로퍼티명<<true/false>>"></button>
```

v-bind:disabled=<값>에 "체크박스의 ON/OFF로 true/false를 변경하는 프로퍼티"를 지정하면 체크박스의 ON/OFF로 버튼의 활성/비활성을 변경시키는 예제를 만들 수 있습니다.

"동의합니다."라는 체크박스에 v-model="myAgree"라고 지정하고 ON/OFF 상태 값에 myAgree를 넣습니다. 이것을 버튼으로 사용합니다. v-bind:disable="myAgree==false"라고 지정하면 동의하지 않는 경우 비활성(disabled)화하고 버튼을 누를 수 없게 됩니다. 동의하면 비활성이 해제되어 버튼을 누를 수 있게 됩니다.

[예제 4-5] modeltest5.html

```HTML
01  <div id="app">
02      <label><input type="checkbox" v-model="myAgree" >
03      동의합니다.</label>
04      <button v-bind:disabled="myAgree==false">송신</button>
05  </div>
```

Vue 인스턴스의 data:에 myAgree라는 프로퍼티를 준비하고 값으로 false를 입력해둡니다.

[예제 4-5] modeltest5.html

```js
01  <script>
02    new Vue({
03      el: "#app",
04      data: {
05        myAgree: false
06      }
07    })
08  </script>
```

실행 결과는 [그림 4-5]와 같습니다. 동의 체크박스가 OFF가 되면 버튼은 비활성화되어 누를 수 없게 됩니다. 반대로 동의 체크박스가 ON이 되면 버튼이 활성화되고 누를 수 있게 됩니다.

[그림 4-5] "동의합니다."에 체크하면 "송신" 버튼 활성화

myAgree==false는 "myAgree가 false의 경우는 true, true의 경우는 false"라는 의미입니다만, 이것은 "myAgree값(true/false)를 반대로 한 것"이라고 생각할 수 있습니다. 연산자에는 값을 역으로 처리하는 "!"(논리NOT, 논리부정)이 있고 이것을 사용하면 같은 결과를 나타내게 됩니다. myAgree==false를 !myAgree라고 변경해서 써도 결과는 같습니다.

```
<button v-bind:disabled="!myAgree">송신</button>
```

라디오버튼 : input radio

input 태그의 라디오 버튼 값을 Vue 인스턴스의 데이터로 연결할 수 있습니다. 선택하는 즉시 선택된 값이 들어갑니다.

사용법은 복수의 체크박스와 비슷합니다. "v-model에 동일한 프로퍼티명을 지정"하면 하나의 그룹으로 묶입니다. 이때 "어느 것이 선택되었는가"를 구분하는 것은 value이므로 각각 다른 값을 넣어 둡시다.

서식 **라디오 버튼을 Vue 인스턴스 데이터와 연결**

HTML

```
<input type="radio" value="값1" v-model="동일한프로퍼티명">
<input type="radio" value="값2" v-model="동일한프로퍼티명">
<input type="radio" value="값3" v-model="동일한프로퍼티명">
```

[함께 해봐요] 선택한 라디오 버튼을 표시하는 예제 : modeltest6.html

선택한 라디오 버튼의 값을 출력해 봅시다.

복수의 라디오 버튼에 v-model="picked"과 동일한 프로퍼티명을 지정하면 하나의 그룹으로 묶이게 됩니다. 각각의 "value"에 다른 값을 넣고 구분하면 picked에는 선택한 이름이 들어가게 됩니다. {{picked}}로 출력해 봅시다.

[예제 4-6] modeltest6.html

```html
01  <div id="app">
02    <label><input type="radio" value="red" v-model="picked">
03      적</label><br>
04    <label><input type="radio" value="green" v-model="picked">
05      녹</label><br>
06    <label><input type="radio" value="blue" v-model="picked">
07      청</label><p>
08    {{ picked }} 이 선택됨
09  </div>
```

Vue 인스턴스의 data:에 데이터가 입력 가능한 picked를 준비하고 값을 red로 입력하면 라디오버튼에 "적"이 선택된 상태로 시작됩니다.

[예제 4-6] modeltest6.html

```js
01  <script>
02    new Vue({
03      el: '#app',
04      data: {
05        picked: 'red'
06      }
07    })
08  </script>
```

실행 결과는 [그림 4-6]과 같습니다. 라디오 버튼을 선택하면 그 값이 표시되는 것을 확인할 수 있습니다.

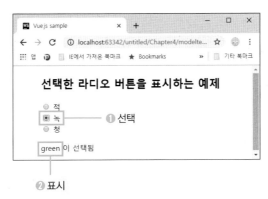

[그림 4-6] 선택한 라디오 버튼 표시

이미지 출력을 라디오 버튼으로 변경해 봅시다.

복수의 라디오 버튼에 v-model="fileName"과 동일하게 프로퍼티명을 지정하면 하나의 그룹으로 묶어 쓸 수 있습니다. 각각 value에 파일명을 넣습니다. 이 fileName을 img 태그에 지정합시다. v-bind:src="fileName"와 같이 작성하면 라디오 버튼의 선택이 변경될 때마다 이미지도 변경됨을 확인할 수 있습니다.

[예제 4-7] modeltest7.html

```html
01  <div id="app">
02    <label><input type="radio" value="face1.png" v-model="fileName">
03      face1</label><br>
04    <label><input type="radio" value="face2.png" v-model="fileName">
05      face2</label><br>
06    <p>{{ fileName }} 선택<p>
07    <img v-bind:src="fileName"></img>
08  </div>
```

Vue 인스턴스의 data:에 데이터를 입력할 수 있는 fileName을 준비해 두고 값을 공백으로 초기화해 둡니다. 값을 공백으로 두면 최초에 선택된 이미지가 없게 되므로 아무것도 출력하지 않습니다.

[예제 4-7] modeltest2.html

```js
01  <script>
02    new Vue({
03      el: '#app',
04      data: {
05        fileName: ''
06      }
07    })
08  </script>
```

실행 결과는 [그림 4-7]과 같습니다. 라디오 버튼을 선택하면 선택된 이미지가 출력됨을 확인할 수 있습니다.

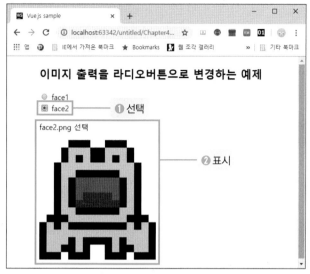

[그림 4-7] 선택한 라디오 버튼으로 이미지 출력 변경

선택 : select

select 태그의 값을 Vue 인스턴스의 데이터와 연결하는 것도 가능합니다. 선택한 하나의 값만 Vue 인스턴스 데이터와 연결됩니다.

> **서식**　셀렉트 박스의 값을 Vue 인스턴스의 데이터와 연결

HTML
```html
<select v-model="프로퍼티명">
  <option disabled value="">선택</option>
  <option>선택값1</option>
  <option>선택값2</option>
  <option>선택값3</option>
</select>
```

복수의 선택값을 Vue 인스턴스의 배열 데이터로 연결할 수도 있습니다. 큰 차이점은 select 태그의 multiple 속성입니다.

복수의 선택값을 Vue 인스턴스의 데이터로 연결

```html
<select v-model="프로퍼티명" multiple>
  <option disabled value="">선택</option>
  <option>선택값1</option>
  <option>선택값2</option>
  <option>선택값3</option>
</select>
```

[함께 해봐요] 문자열이 선택한 색으로 변하는 예제 : modeltest8.html

select 태그에서 선택한 색으로 문자를 표시해봅시다.

select 태그에 v-model="myColor"라고 지정하고 <option>에서 선택지를 준비합니다. 선택한 것이 없는 상태를 위해 <option disabled value="">를 추가해 두었습니다. v-bind:style="{color:myColor}"로 선택한 색으로 문자를 표시할 수 있습니다.

[예제 4-8] modeltest8.html

```html
01  <div id="app">
02    <select v-model="myColor">
03      <option disabled value="">색을 선택해 주세요</option>
04      <option>red</option>
05      <option>green</option>
06      <option>blue</option>
07      <option>orange</option>
08      <option>brown</option>
09    </select>
10    <p v-bind:style="{color: myColor}">선택한 색상은 {{ myColor }} 입니다. </p>
11  </div>
```

Vue 인스턴스의 data:에 데이터를 넣을 수 있는 myColor를 준비하고 값을 공백으로 해둡니다.

[예제 4-8] modeltest8.html

```js
12  <script>
13    new Vue({
14      el: '#app',
15      data: {
16        myColor: ''
```

```
17        }
18    })
19  </script>
```

실행 결과는 [그림 4-8]과 같습니다. 리스트에서 하나씩 선택하면 선택된 색으로 문자가 표시됩니다.

[그림 4-8] 문자열이 선택된 색으로 변경

[함께 해봐요] **복수의 선택을 배열로 처리 : modeltest9.html**

이번엔 복수로 선택을 가능하게 하여 선택한 값을 배열로 표시해 봅시다.

select 태그에 v-model:myColor로 지정하고 <option>으로 선택값들을 준비합니다.

폭을 넓게 보여주기 위해 select 태그에 style="width:150px" 속성도 추가해 두었습니다. {{mycolor}}로 선택한 문자열을 배열로 표시합니다.

[예제 4-9] modeltest9.html

```html
01  <div id="app">
02    <select v-model="myColor" multiple style="width:150px">
03      <option>red</option>
04      <option>green</option>
05      <option>blue</option>
06      <option>orange</option>
07      <option>brown</option>
08    </select>
09    <p>선택한 색은 {{ myColor }} 입니다.</p>
10  </div>
```

Vue 인스턴스의 data:에 myColor 프로퍼티를 준비하고 값을 공백 배열로 초기화합시다.

[예제 4-9] modeltest9.html

```js
01  <script>
02    new Vue({
03      el: '#app',
04      data: {
05        myColor: []
06      }
07    })
08  </script>
```

실행 결과는 [그림 4-9]와 같습니다. 복수 선택하면 선택한 문자가 배열 데이터가 되어 출력됨을 확인할 수 있습니다.

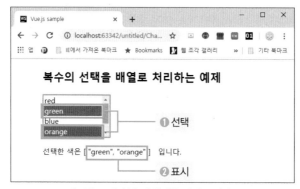

[그림 4-9] 복수의 선택을 배열로 처리

수식어

v-model에 수식어를 붙이면 몇가지 기능을 지정하는 것이 가능합니다.

서식 다 쓰고 나서 vue 인스턴스 데이터에 입력하고 싶을 때

```html
<input v-model.lazy="프로퍼티명">
```

입력 내용을 자동으로 수식으로 변경하고 싶을 때

```html
<input v-model.number="프로퍼티명">
```

앞뒤 공백을 자동으로 제거하고 싶을 때

```html
<input v-model.trim="프로퍼티명">
```

[함께 해봐요] 다 쓰고 나서 입력하는 예제 : modeltest10.html

입력한 후 "Enter" 키를 누르거나 포커스를 다른 곳으로 이동할 때 모아서 출력해 봅시다.

input 태그에 v-model.lazy="myText" 라고 지정하면 myText에 입력한 문자열이 들어갑니다.

[예제 4-3] modeltest10.html

```html
01  <div id="app">
02      <input v-model.lazy="myText">
03      <p>입력후 표시「{{ myText }}」</p>
04  </div>
```

Vue 인스턴스의 data:에 myText를 준비하고 값을 공백으로 해둡니다.

[예제 4-10] modeltest10.html

```javascript
01  <script>
02      new Vue({
03          el: '#app',
04          data: {
05              myText:''
06          }
07      })
08  </script>
```

실행 결과는 [그림 4-10]과 같습니다. 입력한 후에 "Enter" 키를 누르거나 포커스를 이동하면 입력했던 문자열이 한꺼번에 출력됩니다.

[그림 4-10] 다 쓴 후 표시되는 예제

입력 후 자동으로 수식으로 변경되는 예제 : modeltest11.html

입력한 값을 자동으로 수식으로 변경해 봅시다.

input 태그에 v-model.number="myNumber"로 지정하면 myNumber에 수식이 들어갑니다. 숫자의 문자열이 아니고 수식으로 처리됨을 확인하기 위해 100을 더해 봅시다.

[예제 4-11] modeltest11.html

```html
01  <div id="app">
02      <input v-model.number="myNumber" type="number">
03      <p>100을 더해서 표시「{{ 100 + myNumber }}」</p>
04  </div>
```

Vue 인스턴스의 data:에 myNumber를 준비하고 값을 0으로 초기화합니다.

[예제 4-11] modeltest11.html

```js
01  <script>
02      new Vue({
03          el: '#app',
04          data: {
05              myNumber:0,
06          }
07      })
08  </script>
```

실행 결과는 [그림 4-11]과 같습니다. 값을 변경하면 그 숫자에 100을 더한 값이 표시됩니다.

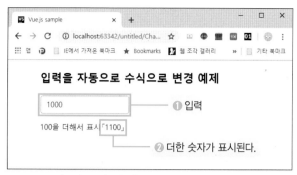

[그림 4-11] 입력을 자동으로 수식으로 변경

[함께 해봐요] **입력을 자동으로 수식으로 변경하지 않는 예제 : modeltest11b.html**

수식으로 자동 변환하고 싶지 않을 경우는 `v-model.number`를 `v-model`로 하면 수식으로 100을 더하지 않고 "100"이라는 문자열을 붙여 출력하게 됩니다(그림 4-12).

[예제 4-11b] modeltest11b.html

```html
01  <input v-model:"myNumber" type="number">
```

[그림 4-12] "v-model.number"를 "v-model"로 변경하였을 때 동작 변화

[함께 해봐요] **앞뒤의 공백을 자동으로 제거하는 (트림) 예제 : modeltest12.html**

입력된 문자의 앞뒤 공백을 자동으로 제거해 봅시다.

`input` 태그에 `v-model.trim="myText"`로 지정하면 `myText`의 앞뒤 공백이 자동으로 제거된 문자열이 들어갑니다.

```html
01  <div id="app">
02      <input v-model.trim="myText">
03      <p>앞뒤 공백을 제거「{{ myText }}」</p>
04  </div>
```

Vue 인스턴스의 data:에 myText를 준비하고 값으로 공백을 넣습니다.

```js
01  <script>
02      new Vue({
03          el: '#app',
04          data: {
05              myText:''
06          }
07      })
08  </script>
```

실행 결과는 [그림 4-13]과 같습니다. 앞뒤에 공백을 입력하여도 공백이 제거되고 출력되는 것을 확인할 수 있습니다.

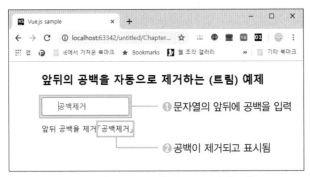

[그림 4-13] 앞뒤의 공백을 자동으로 제거(트림)

공백을 제거하고 싶지 않은 경우 v-model.trim을 v-model로 변경하면 됩니다.

[예제 4-12b] modeltest12b.html

```html
01  <input v-model="myText">
```

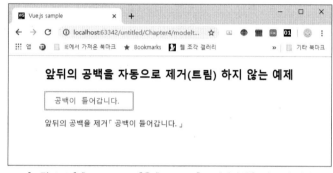

[그림 4-14] "v-model.trim"을 "v-model"로 변경하였을 때 동작 변화

02 정리

4장을 복습합니다.

그림으로 보고 이해하는 정리

유저가 입력한 값을 데이터로 사용하고 싶을 때는 v-model을 사용합니다.

데이터를 넣을 수 있는 프로퍼티는 Vue 인스턴스의 data:에 준비해 둡니다. 이때 해당 데이터를 머스태시로 출력하면 유저가 입력한 데이터가 실시간으로 출력됩니다(그림 4-15).

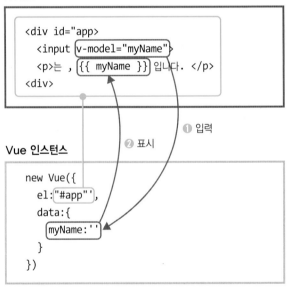

[그림 4-15] 그림으로 보고 이해하는 정리

작성법 복습

텍스트를 입력할 때

1. HTML의 input 태그에 v-model="프로퍼티명"으로 작성

```html
<intput v-model="myName">
```

2. Vue 인스턴스의 data:에 데이터를 넣을 프로퍼티를 준비한다.

```js
data:{
  myName:''
}
```

복수행의 텍스트를 입력할 때

1. HTML의 textarea 요소에 v-model="프로퍼티명"으로 작성

```html
<textarea v-model="myText"></textarea>
```

2. Vue 인스턴스의 data:에 데이터를 넣을 프로퍼티를 준비한다.

```js
data:{
  myText:''
}
```

체크박스의 값을 입력할 때

1. HTML의 input 태그의 체크박스에 v-model="프로퍼티명"으로 작성

```html
<input type="checkbox" v-model="myCheck">
```

2. Vue 인스턴스의 data:에 데이터를 넣을 프로퍼티를 준비한다.

```js
data: {
  myCheck: false
}
```

라디오버튼의 값을 입력할 때

1. HTML에 복수의 input 태그 라디오버튼에 v-model="프로퍼티명"으로 작성

```html
<input type="radio" value="red" v-model="picked">
<input type="radio" value="green" v-model="picked">
<input type="radio" value="blue" v-model="picked">
```

2. Vue 인스턴스의 data:에 데이터를 넣을 수 있는 프로퍼티를 준비한다.

```js
data: {
  picked:"red"
}
```

select 값을 입력할 때

1. HTML의 select 태그에 v-model="프로퍼티명"을 지정하고 option 값을 나열한다.

```html
<select v-model="myColor">
<option>red</option>
<option>green</option>
<option>blue</option>
</select>
```

2. Vue 인스턴스의 data:에 데이터를 넣을 프로퍼티를 준비한다.

```js
data:{
  myColor:''
}
```

1. 입력폼을 데이터와 연결하는 디렉티브의 이름은?

   (   )

2. 다음 입력 품과 vue 데이터의 연결 설명 중 틀린 것을 고르시오.

   가. input 태그의 텍스트를 vue 인스턴스와 연결하면 입력 내용이 실시간으로 vue 데이터로 들어간다.

   나. textarea를 이용하여 복수행의 텍스트를 vue 데이터와 연결할 수 있다.

   다. input 태그의 radio type은 동일한 프로퍼티명으로 그룹으로 묶어 vue 데이터와 연결하여 사용
   할 수 있지만 checkbox type은 불가능하다.

   라. select 박스에 복수 아이템을 선택하면 그 값이 실시간으로 vue 데이터에 담긴다.

3. v-model의 수식어 설명에 해당하는 수식어를 쓰시오.

   가. 문자열을 모두 쓰고 난 후 vue 인스턴스 데이터에 넣고 싶을 때 (   )

   나. 입력 내용을 수식으로 쓰고 싶을 때 (   )

   다. 입력 내용의 앞뒤 공백을 제거하고 싶을 때 (   )

아래 출력 결과를 보고 input text와 input radio를 사용하여 선택한 색으로 이름과 문자열을 출력하도록 작성하시오(단 이름은 입력이 끝난 후 포커스가 이동되었을 때 반영하도록 할 것).

프로그램을 만들기 위해서는 다음과 같은 지식이 필요해요

- v-model 사용 방법

힌트!
텍스트에 입력되는 내용을 실시간으로 출력하기 위한 HTML 코드는,

```
<input v-model="myName">
```

5장

유저 조작과 연동

4장에서는 사용자의 행위 중에 데이터를 어떻게 처리하는지 알아보았습니다. 5장에서는 이벤트 처리 방법을 알아보겠습니다. 데이터 입력 관련해서는 v-model 디렉티브를 썼다면, 이벤트 관련해서는 v-on 디렉티브를 사용합니다.

#핵심_키워드

#이벤트 #v-on

이벤트와 연결하기 : v-on

유저의 이벤트를 찾아내 메소드로 처리하는 방법을 배웁니다.

브라우저의 입력 폼(4장) 이외에 유저로부터 입력을 Vue에 반영시키는 방법 중 하나가 "v-on 디렉티브"입니다.

v-on 디렉티브는 유저가 버튼을 클릭하거나 키보드를 통해 키입력을 하는 등의 "이벤트"가 발생할 때 Vue 메소드를 실행시키는 이벤트 핸들러입니다.

이벤트와 메소드를 연결할 때는 v-on

버튼을 클릭했을 때나 키를 입력했을 때에 사용합니다.

서식 **이벤트와 메소드를 연결하기**

`HTML`

```
<태그명 v-on:이벤트="메소드명">
```

메소드를 만드는 방법

메소드(명령문)는 Vue 인스턴스에 methods 옵션을 추가해서 만듭니다.

el 옵션에서는 "어느 HTML 요소와 연결할까" data 옵션에서는 "어떤 데이터가 있을까"를 지정하고 methods 옵션에서는 "어떤 명령이 있을까"를 지정합니다.

메소드는 `methods : {메소드부분}`에 `<메소드명>:function() {처리내용}`의 형식으로 추가하면 됩니다. 메소드가 복수개인 경우는 컴마 구분으로 나열할 수 있습니다.

```js
new Vue({
  el: "#ID명",
  data:{
    프로퍼티명:값,
    프로퍼티명:값 },
  methods: {
    메소드명: function() {
      처리내용
    },
    메소드명: function() {
      처리내용
    }
  }
})
```

 v-on의 생략

v-on은 자주 사용되는 디렉티브이므로 생략할 수 있습니다. v-on 대신에 @을 사용하고 생략합니다. 예를 들어서,

```html
<a v-on:click="doSomething">
```

은

```html
<a @click="doSomething">
```

와 같이 작성할 수 있습니다.

버튼을 클릭했을 때

버튼을 클릭하였을 때, Vue 인스턴스의 메소드를 실행하는 처리를 만들 수 있습니다.

서식 버튼 클릭을 Vue 인스턴스의 메소드와 연결

`HTML`

```html
<button v-on:click="메소드명">
```

[함께 해봐요] 클릭하면 1이 증가하는 예제 : ontest1.html

클릭하면 값을 1씩 증가시키는 버튼을 만들어 봅시다. 1장에서 실행해본 프로그램을 이용하여 만들어 봅시다.

먼저 {{ count }}로 수식을 표시합니다. 버튼을 클릭했을 때 countUp 메소드를 실행시키므로 button 태그에 v-on:click="countUp"이라고 지정해 둡니다. countUp 메소드에서는 count의 값을 1씩 더하고 있으므로 버튼을 클릭할 때마다 값이 1씩 증가합니다.

[예제 5-1] ontest.html

`HTML`

```html
01  <div id="app">
02    <p>{{ count }}</p>
03    <button v-on:click="countUp">1씩증가</button>
04  </div>
```

Vue 인스턴스의 data:에 count라는 프로퍼티를 준비하고 값을 0으로 초기화합니다.

methods:에서 countUp이라는 메소드를 준비하고 count 프로퍼티를 1씩 증가시키는 처리를 합니다. 이때 중요한 것은 앞에 this.를 붙이는 것입니다. this.count를 쓰면 메소드 안에서 프로퍼티를 다룰 수 있게 됩니다.

[예제 5-1] ontest.html

`JS`

```js
01  <script>
02    new Vue({
03      el: '#app',
04      data: {
05        count:0
06      },
```

```
07        methods: {
08            countUp: function() {
09                this.count++;
10            }
11        }
12    })
13 </script>
```

실행 결과는 [그림 5-11]과 같습니다. 클릭할 때마다 값이 1씩 증가하고 있는 것을 확인할 수 있습니다.

[그림 5-1] 클릭하면 1씩 증가

[함께 해봐요] **클릭하면 두번째는 누를 수 없게 되는 "좋아～" 버튼 예제 : ontest2.html**

메소드를 실행하면 버튼의 상태를 비활성화로 만들어 봅시다.

버튼에 4장에서 사용했던 v-bind:disable="프로퍼티명"을 써서 isClick이 true가 되면 버튼을 비활성화시키는 기능을 붙입니다. 또한 v-on:click="oneClick"으로 클릭하면 oneClick 메소드를 실행합니다.

[예제 5-2] ontest2.html

```html
01 <div id="app">
02    <button value="good" v-bind:disabled="isClick"
03        v-on:click="oneClick">좋아～</button>
04 </div>
```

JavaScript 메소드를 만들어서 Vue 인스턴스에서 호출합니다. script 요소는 다음과 같습니다.

```
01  <script>
02    function good() {
03      alert("좋아~");
04    }
05    new Vue({
06      el: '#app',
07      data: {
08        isClick: false
09      },
10      methods: {
11        oneClick: function() {
12          this.isClick = true;
13          good();
14        }
15      }
16    })
17  </script>
```

먼저 "좋아~" 버튼을 클릭했을 때에 실행하는 good()을 준비해 둡니다.

다음에 Vue 인스턴스의 data:에 isClick이라는 프로퍼티를 준비하고 false로 초기화해 둡니다.

methods:에 oneClick이라는 메소드를 준비하고 실행되면 this.isClick을 true로 변경합니다. 이렇게 되면 버튼은 비활성화됩니다. 그리고 good() 함수를 실행합니다.

실행해 봅시다. 화면의 "좋아~" 버튼을 한번 클릭하면 "좋아~"라는 시스템 팝업이 뜹니다(그림 5-2). 그 후 팝업의 "닫기"를 클릭하면 팝업은 닫히고 "좋아~" 버튼은 비활성화되어 클릭할 수 없게 됨을 확인할 수 있습니다(그림 5-3).

[그림 5-2] 클릭하면 2회째는 누를 수 없게 되는 "좋아~" 버튼 (1)

[그림 5-3] 클릭하면 2회째는 누를 수 없게 되는 "좋아~" 버튼 (2)

파라미터를 전달하여 메소드 실행하기

methods:에 작성할 메소드에 파라미터를 전달할 수 있습니다. 메소드 쪽에 function(파라미터)와 같이 파라미터를 받을 수 있게 작성해 두고 HTML에서는 "메소드명(파라미터)"의 형식으로 파라미터를 붙여서 실행합니다.

> **서식** 파라미터가 있는 메소드 작성

```JS
new Vue({
  methods: {
    메소드명: function(파라미터) {
      처리내용
    }
  }
})
```

> **서식** 버튼을 클릭하면 파라미터가 있는 메소드를 연결

```HTML
<button v-on:click="메소드명(파라미터)">
```

[함께 해봐요] 클릭하면 지정된 값만큼 증가시키는 예제 : ontest3.html

버튼을 여러 개 준비해 두고 클릭하면 각각 다른 값을 증가시키는 버튼을 만들어봅시다.

먼저 {{count}}로 수식을 표시합시다. 버튼을 세개 만들어 각각 v-on:click="countUp(3)", v-on:click="countUp(10)", v-on:click="countUp(100)"처럼 파라미터를 다르게 하여 실행합니다. 이렇게 하면 버튼에 따라서 증가되는 값이 달라지게 됩니다.

```html
01  <div id="app">
02      <p>{{ count }}</p>
03      <button v-on:click="countUp(3)">3증가</button>
04      <button v-on:click="countUp(10)">10증가</button>
05      <button v-on:click="countUp(100)">100증가</button>
06  </div>
```

Vue 인스턴스의 data:에 count 프로퍼티를 준비하고 값을 0으로 초기화합니다.

methods:에 countUp이라는 메소드를 준비하고 count 프로퍼티에 파라미터를 전달하는 값 value를 받아 처리하게 합니다.

```js
01  <script>
02      new Vue({
03          el: '#app',
04          data: {
05              count:0
06          },
07          methods: {
08              countUp: function(value) {
09                  this.count += value;
10              }
11          }
12      })
13  </script>
```

실행 결과는 [그림 5-4]와 같습니다. 클릭하면 버튼에 따라 다른 값이 증가되는 것을 확인할 수 있습니다.

[그림 5-4] 클릭한 값에 따라 증가

키 입력

키가 입력될 때 Vue 인스턴스의 메소드를 실행하는 처리를 만들 수 있습니다.

서식 키 입력을 Vue 인스턴스의 메소드와 연결

`HTML`

```html
<input v-on:keyup.키수식자="메소드명">
```

 키 수식자

키 수식자를 지정하지 않으면 아무 키나 입력해도 메소드가 실행되어 버리게 되므로 특정 키를 입력했을 때만 반응하도록 하기 위해 키 수식자를 지정합니다.

- .enter
- .tab
- .delete
- .esc
- .space
- .up

- .down
- .left
- .right
- .48~.57(0~9)
- .65~.90(A~Z)

 시스템 수식자 키

이벤트에 시스템 수식자 키를 추가하면 시스템 키를 누르며 동시에 다른 키가 눌렸을 때(또는 클릭했을 때)만 메소드를 호출할 수 있게 됩니다.

- .ctrl
- .alt
- .shift
- .meta (Windows는 [Windows] 키, macOS는 [command] 키)

[Enter] 키를 눌렀을 때 얼럿을 표시해 봅시다.

input 태그에 v-on:keyup.enter="showAlert"을 지정하면 "Enter" 키를 눌렀을 때 showAlert 메소드를 실행합니다. 또한 v-model="myText"를 지정하면 입력된 문자열을 myText에 입력합니다.

[예제 5-4] ontest4.html

```html
01  <div id="app">
02      <input v-on:keyup.enter="showAlert" v-model="myText">
03      <p>{{ myText }}</p>
04  </div>
```

Vue 인스턴스의 data:에 myText 프로퍼티를 준비하고 methods:에는 얼럿을 표시할 showAlert 메소드를 준비합시다.

[예제 5-4] ontest4.html

```js
01  <script>
02      new Vue({
03          el: '#app',
04          data: {
05              myText: 'Hello!'
06          },
07          methods: {
08              showAlert: function() {
09                  alert("Enter 키를 눌렀습니다.");
10              }
11          }
12      })
13  </script>
```

실행 결과는 [그림 5-5]와 같습니다. 텍스트를 입력하고 있을 때 [Enter] 키를 누르면 얼럿이 표시되는 것을 확인할 수 있습니다.

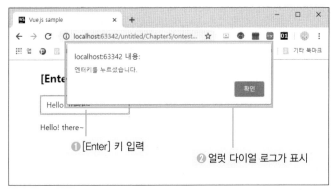

[그림 5-5] [Enter] 키를 눌렀을 때 얼럿을 표시

[Shift] 키를 누르고 있는 상태에서 [Enter] 키를 누르면 얼럿을 표시해 봅시다.

input 태그에 v-on:keyup.enter.shift="showAlert"을 지정하면 [Shift] 키를 누르고 있는 상태에서 [Enter] 키를 눌렀을 때 showAlert 메소드를 실행합니다.

[예제 5-5] ontest5.html

```html
01  <div id="app">
02      <input v-on:keyup.enter.shift="showAlert" v-model="myText">
03      <p>{{ myText }}</p>
04  </div>
```

Vue 인스턴스의 data:에 myText 프로퍼티를 준비해두고 methods:에도 showAlert 메소드를 넣어 얼럿 팝업을 띄우는 처리가 가능하도록 합니다.

[예제 5-5] ontest5.html

```js
01  <script>
02      new Vue({
03          el: '#app',
04          data: {
05              myText: 'Hello!'
06          },
```

```
07        methods: {
08            showAlert: function() {
09                alert("Shift + Enter 를 눌렀습니다.");
10            }
11        }
12    })
13 </script>
```

실행 결과는 [그림 5-6]과 같습니다. 텍스트를 입력하고 있을 때 [Shift] 키를 누른 상태에서 [Enter] 키를 눌렀을 때만 얼럿이 표시되는 것을 확인할 수 있습니다.

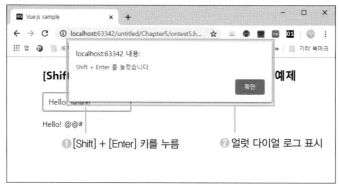

[그림 5-6] [Shift] + [Enter] 키를 누르면 얼럿 표시

02 정리

5장을 복습합니다.

그림으로 보고 이해하는 정리

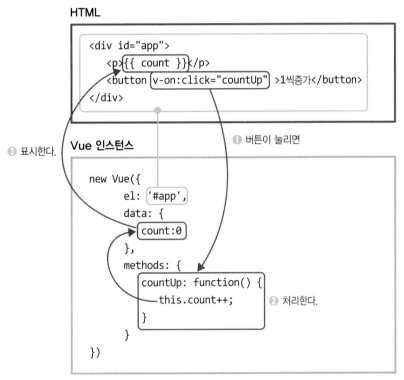

[그림 5-7] 그림으로 보고 이해하는 정리

작성법 복습

버튼을 클릭했을 때

1. HTML의 버튼 태그에 v-on:click="메소드명"으로 작성

```html
<button v-on:click="countUp">1씩증가</button>
```

2. Vue 인스턴스의 methods:에 메소드 준비

```js
data: {
  count:0
},
methods: {
  countUp: function() {
    this.count++;
  }
}
```

버튼을 클릭했을 때 (파라미터를 전달하여 실행하고 싶을 때)

1. HTML의 버튼 태그에 v-on:click="메소드명(파라미터)"으로 작성

```html
<button v-on:click="countUp(3)">3씩증가</button>
```

2. Vue 인스턴스의 methods:에 메소드를 준비

```js
data: {
  count:0
},
methods: {
  countUp: function(value)
    this.count += value;
  }
}
```

[Enter] 키가 눌렸을 때

1. HTML의 input 태그에 v-on:keyup.enter="메소드명"으로 작성

```html
<input v-on:keyup.enter="showAlert" v-model="myText">
```

2. Vue 인스턴스의 methods:에 메소드 준비

```js
data: {
  myText: 'Hello!'
},
methods: {
  showAlert: function() {
    alert("Enter키를 눌렀습니다.");
  }
}
```

1. 다음 괄호 안에 알맞은 말을 채워 넣으시오.

> 유저의 클릭, 키보드 입력 등의 (   )가 발생하였을 때 Vue 메소드를 실행시키는 이벤트 핸들러를
> (   ) 디렉티브라고 한다.
> (   ) 디렉티브는 자주 사용하므로 (   )으로 생략할 수 있다.

2. vue 인스턴스의 methods에 대해 간략하게 설명하시오.

3. v-on 디렉티브에 키 수식자를 사용하여 "enter"키가 눌렸을 때 show라는 메소드를 실행하게 하는 input을 작성해 보시오.

4. 키 수식자에서 [shift] 키를 누른 상태에서 [Enter] 키를 누르면 showAlert이라는 메소드를 실행하게 하는 input을 작성해 보시오.

간단한 계산기를 작성하시오.

1. 더하기, 빼기, 곱하기, 나누기만 가능할 것

2. input text 안에 숫자 두개를 넣고 버튼을 누르면 아래 text로 결과가 표시되게 할 것

결과

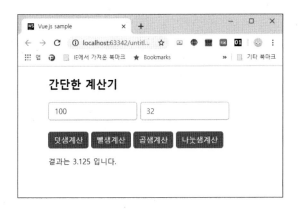

프로그램을 만들기 위해서는 다음과 같은 지식이 필요해요

- v-on 디렉티브 사용 방법
- 여러 메소드를 만드는 방법

힌트!
덧셈 계산 관련 HTML 코드

```
<button v-on:click = "addcal">덧셈 계산</button>
```

6장
조건과 반복의 사용

4장과 5장에서 사용자의 행위에 따라 만들어지는 데이터와 이벤트를 어떻게 처리할지를 배웠습니다. 6장에서는 좀더 구체적으로 조건과 반복을 Vue에서는 어떻게 처리하는지 배워봅니다. 조건은 v-if를 사용하고 반복은 v-for를 사용합니다. 프로그래밍에서 조건과 반복은 가장 중요한 기능입니다. 이 장을 잘 학습해두기 바랍니다.

#핵심_키워드

#조건 #반복 #v-if #v-for

조건에 따른 표시 : v-if

조건에 의해 처리를 나누는 방법을 학습해 봅시다.

조건에 따라 HTML을 표시하고 싶거나 지우고 싶을 때 사용하는 하는 것이 "v-if 디렉티브"입니다. 표시/비표시를 바꾸기만 할지 표시 내용을 변경할지에 따라 사용하는 방법이 다릅니다.

> **서식** **조건을 만족했을 때**
>
> `HTML`
>
> ```
> <태그명 v-if="조건">조건이 true라면 표시</태그명>
> ```

> **서식** **조건에 따라 표시 태그를 변경**
>
> `HTML`
>
> ```
> <태그명 v-if="조건">조건이 true라면 표시</태그명>
> <태그명 v-else>그렇지 않으면 표시</태그명>
> ```

> **서식** **복수의 조건에 따라 표시 태그를 변경**
>
> `HTML`
>
> ```
> <태그명 v-if="조건1">조건1이 true라면 표시</태그명>
> <태그명 v-else-if="조건2">그렇지 않고, 조건2가 true라면 표시</태그명>
> <태그명 v-else>어느것에도 해당되지 않는다면 표시</태그명>
> ```

조건에 따라 표시할 때는 v-if

[함께 해봐요] true일 때만 표시하는 예제 : iftest1.html

체크박스를 ON으로 했을 때만 문자열을 표시해 봅시다. 체크박스에 대해서는 4장의 01절에서 설명하였으므로 사용법이 기억이 나지 않는다면 복습해 두기 바랍니다.

input 태그의 체크박스에 v-model="myVisible"로 지정하면 ON/OFF가 myVisible에 들어갑니다. 그것을 사용해서 p 태그에 v-if="myVisible"로 지정하면 체크박스가 ON일 경우에만 표시하게 됩니다.

[예제 6-1] iftest1.html

```html
01  <div id="app">
02      <label><input type="checkbox" v-model="myVisible">표시</label>
03      <p v-if="myVisible">체크박스가 ON</p>
04  </div>
```

Vue 인스턴스의 data:에 myVisible 프로퍼티를 준비하고 false로 초기화해 둡니다.

[예제 6-1] iftest1.html

```js
01  <script>
02      new Vue({
03          el: '#app',
04          data: {
05              myVisible: false
06          }
07      })
08  </script>
```

실행해 봅시다. 체크 박스를 ON으로 했을 때만 문자열이 표시됨을 확인할 수 있습니다(그림 6-1 ❶~❹).

[그림 6-1] true일 때만 표시

체크박스를 ON/OFF 하면 표시하는 문자열을 변경해 봅시다.

input 태그의 체크박스에 v-model="myVisible"을 지정하면 ON/OFF가 muVisible에 들어갑니다. 이것을 사용해서 p 태그에 v-if="myVisible"로 지정하면 체크박스가 ON일 때만 문자열을 표시하게 됩니다. 그리고 다음 p 태그에 v-else를 지정하면 체크박스가 OFF일 경우에 표시되는 문자열을 지정할 수 있습니다.

[예제 6-2] iftest2.html

```
01  <div id="app">
02      <label><input type="checkbox" v-model="myVisible">표시</label>
03      <p v-if="myVisible">체크박스 ON</p>
04      <p v-else>체크박스 OFF</p>
05  </div>
```

Vue 인스턴스의 data:에 myVisible 프로퍼티를 준비하고 값을 false로 초기화해 둡니다.

[예제 6-2] iftest2.html

```
01  <script>
02      new Vue({
03          el: '#app',
04          data: {
05              myVisible: false
06          }
07      })
08  </script>
```

실행해 봅시다. 체크박스를 ON/OFF로 변경할 때마다 문자열도 함께 변경되어 출력됨을 확인할 수 있습니다.

[그림 6-2] true와 false 체크로 표시가 변경

클릭하면 "좋아~" 버튼을 삭제하는 예제 : iftest3.html

클릭하면 삭제해버리는 "좋아~" 버튼을 만들어 봅시다.

[예제 6-3] iftest3.html

```html
01  <div id="app">
02      <button v-if="isShow" v-on:click="good">좋아~</button>
03  </div>
```

button 태그에 v-if="isShow"라고 지정하면 isShow 값이 true일 경우에만 표시되고 false가 되면 삭제되게 동작합니다. v-on:click="good"으로 클릭하면 good 메소드를 실행할 수 있도록 합니다.

Vue 인스턴스의 data:에 isShow 프로퍼티를 준비하고 값을 true로 초기화해 둡니다. methods에 good 메소드를 추가하고 this.isShow를 false로 하는 처리도 넣습니다.

[예제 6-3] iftest3.html

```js
01  <script>
02      new Vue({
03          el: '#app',
04          data: {
05              isShow: true
06          },
07          methods: {
08              good: function() {
09                  this.isShow = false
10              }
11          }
12      })
13  </script>
```

실행해봅시다. 버튼을 클릭하면 버튼이 삭제됨을 확인할 수 있습니다(그림 6-3 ❶❷).

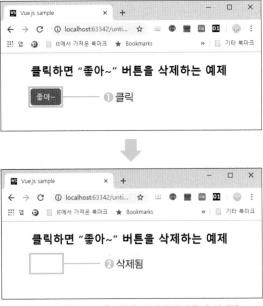

[그림 6-3] "좋아~" 버튼을 클릭하면 버튼이 삭제됨

v-show

v-if와 비슷한 기능으로 v-show라는 디렉티브도 있습니다. 이것도 역시 v-show="isShow"로 지정하여 isShow을 false로 하면 태그를 안보이게 수 있습니다. 다만 v-if는 "HTML에서 태그를 삭제" 하는 것이고 v-show는 "CSS Style display:none으로 보이지 않게 함"이므로 HTML 태그 안에는 존재하게 됩니다.

true/false로 표시를 변경할 때 v-if는 표시할 때마다 값을 새로 만들고 v-show는 이미 만들어진 값을 보이고 안보이게만 하는 차이점이 있습니다. 또한 v-show는 v-else로는 동작하지 않으므로 false의 경우 다른 것을 표시하는 것은 불가능합니다.

02 반복 표시 : v-for

몇번이고 반복해서 표시하는 방법을 학습해 봅시다.

HTML 태그를 반복해서 표시하고 싶을 때 사용하는 것이 "v-for 디렉티브"입니다. 배열 테이터를 반복해서 표시하거나 횟수를 지정해서 반복 표시하도록 만들 수 있습니다.

> **서식** **배열에서 값을 하나씩 뽑아내 표시하는 반복** `HTML`
>
> `<태그 v-for="변수 in 배열">반복하는 부분<태그>`

> **서식** **지정한 횟수만큼 표시를 반복** `HTML`
>
> `<태그 v-for="변수 in 최대값">반복하는 부분<태그>`

> **서식** **배열에서 "값과 인덱스"를 하나씩 뽑아내어 표시하는 반복** `HTML`
>
> `<태그 v-for="(변수,인덱스) in 배열">반복하는 부분</태그>`

반복 표시할 때는 v-for

[함께 해봐요] 배열 데이터를 리스트로 표시하는 예제 : foretest1.html

배열로 준비한 복수의 데이터를 리스트로 표시해 봅시다.

myArray라는 배열 내용을 반복해서 표시할 때는 li 태그에 v-for="item in myArray"라고 지정합니다. 그러면 item에 값이 하나씩 뽑아져서 들어가게 되고 이는 배열 안에 데이터 개수만큼 반복하여 리스트 표시를 실행합니다. 뽑은 값을 표시할 때는 {{item}}를 사용하였습니다.

```html
01  <div id="app">
02      <ul>
03          <li v-for="item in myArray">{{ item }}</li>
04      </ul>
05  </div>
```

Vue 인스턴스의 data:에 myArray라는 배열 데이터를 준비 해둡니다.

```js
01  <script>
02      new Vue({
03          el: '#app',
04          data: {
05              myArray: ['찜빵', '멜론빵', '크로와사']
06          }
07      })
08  </script>
```

실행해봅시다. 배열에 들어있는 값이 리스트로 표시되는 것을 확인할 수 있습니다(그림 6-4).

[그림 6-4] 배열 데이터를 리스트로 표시

[함께 해봐요] **오브젝트 배열 데이터를 리스트로 표시하는 예제 : fortest2.html**

오브젝트 배열 데이터를 리스트로 표시해 봅시다.

```html
01  <div id="app">
02    <ul>
03      <li v-for="item in objArray">{{ item.name }} ₩{{ item.price }}</li>
04    </ul>
05  </div>
```

objArray 배열의 값을 반복하여 표시하기 위해 li 태그에 v-for="item in objArray"라고 지정합니다. 그러면 item에 값이 하나씩 뽑아져서 들어가게 되고 이는 배열 안에 데이터 개수만큼 반복하여 리스트 표시를 실행합니다. item에 프로퍼티를 붙여서 {{item.name}}, {{item.price}}로 표시합니다.

[예제 6-5] foretest2.html

```js
01  <script>
02    new Vue({
03      el: '#app',
04      data: {
05        objArray: [
06          {name: '잼빵', price: 1000},
07          {name: '멜론빵', price: 1200},
08          {name: '크로와사', price: 1500}
09        ]
10      }
11    })
12  </script>
```

Vue 인스턴스의 data:에 objArray라는 배열을 준비해두고 값은 오브젝트로 넣어 둡니다.

실행해 봅시다. 배열 값이 리스트로 출력되는 것을 확인할 수 있습니다(그림 6-5).

[그림 6-5] 오브젝트 배열 데이터를 리스트로 표시

1×5에서 10×5까지의 10개의 곱셈 계산을 리스트로 표시해봅시다.

1~10까지의 반복 표시를 위해 v-for="n in 10"으로 지정합니다. 그러면 n에 1~10까지의 값이 하나씩 반복되어 들어갑니다. 그 n을 사용하여 곱셈 계산을 하여 {{n}}×5={{n*5}}로 표시합니다.

[예제 6-6] fortest3.html

```html
01  <div id="app">
02    <ul>
03      <li v-for="n in 10"> {{n}}x5={{n*5}}</li>
04    </ul>
05  </div>
```

이번에는 데이터도 메소드도 사용하지 않았으므로 v-for를 사용하기 위해 el:만 Vue 인스턴스에 추가해 둡니다.

[예제 6-6] fortest3.html

```js
01  <script>
02    new Vue({
03        el: '#app'
04    })
05  </script>
```

실행해봅시다. 곱셈 계산이 리스트로 표시되는 것을 확인할 수 있습니다.

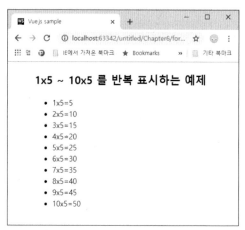

[그림 6-6] 1×5 ~ 10×5를 반복 표시

배열 데이터를 번호가 붙어 있는 리스트로 표시해 봅시다.

myArray의 내용을 인덱스와 함께 뽑아 낼 때는 li 태그에 v-for="(item, index) in myArray"라고 지정합니다. 그러면 item에 값이 index에는 인덱스 번호가 배열 개수만큼 반복해서 들어옵니다. {{index}} : {{item}}으로 지정하면 "번호 : 값"으로 표시할 수 있습니다.

[예제 6-7] foretest4.html

```html
01 <div id="app">
02    <ul>
03       <li v-for="(item, index) in myArray"> {{ index }}:{{ item }}</li>
04    </ul>
05 </div>
```

Vue 인스턴스의 data:에 myArray를 준비하고 배열 데이터를 넣어둡니다.

[예제 6-7] foretest4.html

```js
01 <script>
02    new Vue({
03       el: '#app',
04       data: {
05          myArray: ['쨈빵','멜론빵','크로와사','슈크림빵']
06       }
07    })
08 </script>
```

실행해 봅시다. 번호가 붙어있는 리스트로 표시되는 것을 확인할 수 있습니다(그림 6-7).

[그림 6-7] 배열 데이터를 번호를 붙여 리스트로 표시

"많은 양의 데이터를 반폭 표시" 하는 기능은 리스트가 아닌 테이블로도 만들 수 있습니다. 예를 들어서 "관심받고 있는 언어 랭킹" 이라는 아래와 같은 데이터가 있다고 하고 이를 테이블로 표시해 봅시다.

```
"프로그램 언어",2018,2013,2008,2003,1998
'Java',1,2,1,1,16
'C',2,1,2,2,1
'C++',3,4,3,3,2
'Python',4,7,6,11,23
'JavaScript',7,10,8,7,20
```

최종적으로 아래와 같은 테이블로 표시될 것이라 생각됩니다. 최초 1행은 테이블 헤데이고 나머지는 테이블 바디로 하나씩 뽑아내 표시합니다(표 6-1).

[표 6-1] 작성할 테이블(관심 받고 있는 언어 랭킹)

프로그램 언어	2018	2013	2008	2003	1998
Java	1	2	1	1	16
C	2	1	2	2	1
C++	3	4	3	3	2
Python	4	7	6	11	23
JavaScript	7	10	8	7	20

먼저 테이블 헤더 부분을 v-for="item in header"로 만듭니다(6행). header로 준비한 배열의 값을 하나씩 뽑아내어 헤더로 만듭니다.

다음은 테이블 바디 부분을 1행씩 반복하는 v-for="line in ranking"로 만들고(10행) ranking으로 준비한 배열 값을 하나씩 빼내어 다시 v-for="item in line"으로 나누어 표시 해봅시다(12행). 이것으로 테이블의 헤더와 바디를 표시할 수 있게 됩니다.

[예제 6-8] tabletest0.html

```html
01  <div id="app">
02    <h3>관심 받고 있는 언어 랭킹</h3>
03    <table>
04      <thead>
05        <!-- 테이블 헤더 반복 -->
```

```
06        <th v-for="item in header">{{ item }}</th>
07        </thead>
08        <tbody>
09        <!-- 1행 반복 -->
10        <tr v-for="line in ranking">
11          <!-- 1데이터 반복 -->
12          <td v-for="item in line">{{ item }}</td>
13        </tr>
14        </tbody>
15      </table>
16  </div>
```

다음은 Vue 인스턴스의 data:에 헤더 부분 배열을 header로, 바디 부분 배열을 2차원 배열 ranking 으로 준비 해두면 됩니다.

[예제 6-8] tabletest0.html

```
01  <script>
02    new Vue({
03      el: '#app',
04      data: {
05        header: [ "프로그램언어",2018,2013,2008,2003,1998],
06        ranking: [
07          ['Java',1,2,1,1,16],
08          ['C',2,1,2,2,1],
09          ['C++',3,4,3,3,2],
10          ['Python',4,7,6,11,23],
11          ['JavaScript',7,10,8,7,20]
12        ]
13      }
14    })
15  </script>
```

실행해 봅시다. 데이터가 표 형식으로 표시됨을 확인할 수 있습니다(그림 6-8).

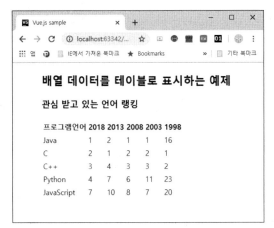

[그림 6-8] 데이터를 표 형식으로 표시

[함께 해봐요] **배열 데이터를 테이블로 표시하는 예제 2 : tabletest.html**

tabletest.html 예제는 그냥 그대로는 보기 좋지 않으므로 CSS를 추가해봅시다.

[예제 6-9] tabletest.html

```css
01  <style>
02    table {
03      width: 100%;
04      text-align: left;
05    }
06    table th {
07      padding: 12px;
08      border-bottom: 2px solid darkgray;
09    }
10    table td {
11      padding: 12px;
12    }
13    table tr:nth-of-type(even) {
14      background-color: rgba(0, 0, 255, 0.1);
15    }
16  </style>
```

실행해 봅시다. 테이블이 좀더 보기 좋게 변했습니다(그림 6-9).

[그림 6-9] 배열 데이터를 테이블로 표시

배열 데이터의 추가와 삭제

Vue.js에서는 배열 데이터의 추가나 삭제는 JavaScript의 Array의 `push` 메소드나 `splice` 메소드를 사용합니다. 배열 데이터를 사용하여 리스트를 표시할 때 배열 데이터의 추가와 삭제를 실시간으로 해봅시다.

서식 **배열의 끝에 데이터를 추가**

```JS
배열.push(추가데이터);
```

서식 **배열의 중간에 데이터를 추가**

```JS
배열.splice(지정위지, 0, 추가데이터)
```

서식 **배열의 중간에 데이터를 삭제**

```JS
배열.splice(지정위치, 1)
```

Vue.js에서 배열 데이터를 사용할 때 주의점은 값을 바꿀 때도 splice 메소드를 사용하는 부분입니다. 예를 들어 보통 JavaScript의 Array는 "0번째 값을 100으로 변경" 할 때는

```js
var myArray = [1,2,3,4,5];
myArray[0] = 100;
```

으로 작성합니다만, 이 방법으로는 Vue.js는 값이 바뀐 것을 인지할 수 없게 되어 화면상의 변화가 일어나지 않습니다. 데이터를 변경했을 때는 화면에 변화됨을 반영시키기 위해 splice 메소드를 사용하여

```js
var myArray = [1,2,3,4,5];
myArray.splice(0, 1, 100);
```

와 같이 만들 필요가 있습니다.

서식　**배열 중간의 데이터 변경**

```js
배열.splice(위치, 1, 변화데이터);
```

[함께 해봐요] 버튼으로 리스트에 추가/삭제 예제 : fortest5.html

배열 데이터를 리스트로 표시해 두고 버튼을 클릭하면 실시간으로 데이터를 추가/삭제 해봅시다.

myArray의 데이터를 v-for="item in myArray"를 사용하여 리스트로 표시합니다(3행).

복수의 버튼을 만들어 클릭하면 "맨 마지막에 데이터를 추가", "중간에 데이터를 추가", "중간 데이터를 변경", "중간 데이터를 삭제" 하는 메소드를 호출합니다.

[예제 6-10] fortest5.html

```html
01  <div id="app">
02    <ul>
03      <li v-for="item in myArray"> {{ item }}</li>
04    </ul>
05    <button v-on:click="addLast">맨 뒤에 추가</button><br>
06    <button v-on:click="addObj(3)">네번째에 추가</button><br>
07    <button v-on:click="changeObj(0)">첫번째를 변경</button><br>
08    <button v-on:click="deleteObj(1)">두번째를 삭제</button><br>
09  </div>
```

Vue 인스턴스의 data:에 원본이 되는 배열 데이터 myArray를 준비해 둡니다.

methods:에는 맨뒤에 데이터를 추가하는 addLast 메소드, 중간에 데이터를 추가하는 AddObj 메소드, 중간에 데이터를 변경하는 changeObj 메소드, 중간 데이터를 삭제하는 deleteObj 메소드를 준비합니다. (동작을 알아보기 쉽게 하기 위에 [맨 뒤에 추가], [추가], [변경] 등의 문자 데이터를 추가합니다)

[예제 6-10] fortest5.html

```
01  <script>
02    new Vue({
03      el: '#app',
04      data: {
05        myArray: ['첫번째','두번째','세번째','네번째','다섯번째']
06      },
07      methods: {
08        addLast: function(){
09          this.myArray.push("[맨 뒤에 추가]");
10        },
11        addObj: function(index) {
12          this.myArray.splice(index, 0, '[추가]')
13        },
14        changeObj: function(index) {
15          this.myArray.splice(index, 1, '[변경]')
16        },
17        deleteObj: function(index) {
18          this.myArray.splice(index, 1);
19        }
20      }
21    })
22  </script>
```

실행해봅시다. 각각 버튼을 클릭하면 리스트가 변화되는 것을 확인할 수 있습니다(그림 6-10, 6-11).

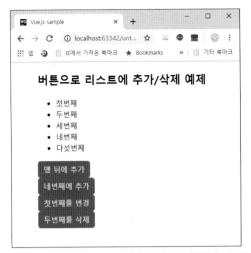

[그림 6-10] 버튼으로 리스트에 추가/삭제를 실행(초기화면)

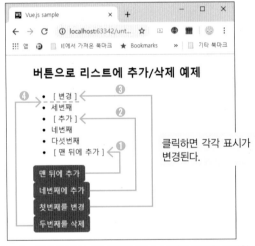

[그림 6-11] 버튼으로 리스트에 추가/삭제를 실행(각 버튼을 클릭한 후 화면)

[함께 해봐요] **버튼을 클릭하면 소트하는 예제 : fortest6.html**

버튼을 클릭하면 리스트 데이터를 소트시켜 봅시다.

배열 데이터를 소트하는 것에는 JavaScript의 sort 메소드를 사용할 수 있습니다. "배열명.sort
(function(a,b) { return (a<b ? -1 : 1);});와 같이 쓰면 배열이 오름 차순으로 소트됩니다(그
림 6-12). a < b 부분을 a > b로 변경하면 내림차순 소트가 됩니다. sort 메소드를 사용하여서 "배
열 데이터를 소트하여 표시하는 JavaScript 예제(sortTest.html)"을 확인해 봅시다.

[그림 6-12] 소트 전의 데이터와 소트 이후의 데이터가 콘솔에 출력됨(sortTest.html)

sort 메소드를 사용해서 데이터를 소트하고 리스트를 표시해 봅시다.

myArray의 데이터를 v-for="item in myArray"로 리스트에 표시합니다.

버튼을 준비해서 v-on:click="sortData(myArray)"라고 지정하면 클릭했을 때 myArray를 소트 시키는 기능이 완성됩니다.

[예제 6-11] fortest6.html

```html
01  <div id="app">
02      <ul>
03          <li v-for="item in myArray"> {{ item }}</li>
04      </ul>
05      <button v-on:click="sortData(myArray)">소트</button><br>
06  </div>
```

Vue 인스턴스의 data:에서 소트하려는 배열 myArray를 준비합니다.

methods:에는 배열을 소트하는 sortData(listdata) 메소드를 준비합니다.

[예제 6-11] fortest6.html

```js
01  <script>
02      new Vue({
03          el: '#app',
04          data: {
05              myArray: ['one','two','three','four','five']
06          },
07          methods: {
08              sortData: function(listdata) {
09                  listdata.sort(function(a,b) {
10                      return (a < b ? -1 : 1);
11                  });
```

```
12          }
13        }
14    })
15  </script>
```

실행해봅시다(그림 6-13, 그림 6-14 ❶❷). 버튼을 클릭하면 리스트가 소트되어 출력됨을 확인할 수 있습니다.

[그림 6-13] 버튼을 클릭하면 소트(초기화면)

[그림 6-14] 버튼을 클릭한 후 화면

v-for와 v-if의 조합

v-for와 v-if를 조합하여 사용할 수 있습니다. "반복을 실행하며 조건이 만족할 때만 표시" 등을 만들 수 있습니다.

배열에서 값을 뽑아내기를 반복하며 조건을 만족할 때만 표시

`HTML`

```
<태그명 v-for="변수 in 배열" v-if="조건">조건을 만족할 때만 표시하는 부분</태그명>
```

지정한 횟수만큼 반복하고 조건을 만족할 때만 표시

`HTML`

```
<태그명 v-for="변수 in 반복할 횟수 v-if="조건">조건을 만족할 때만 표시하는 부분</태그명>
```

[함께 해봐요] 짝수만 표시하는 예제 : fortest7.html

배열 데이터 값에서 짝수만 리스트로 표시해 봅시다.

myArray의 내용을 반복해서 표시하므로 li 태그에 v-for="item in myArray"를 라고 씁니다. 그리고 "짝수일 때만 표시" 하기 위해 v-if="item % 2 == 0"을 추가해둡니다.

[예제 6-12] fortest7.html

`HTML`

```
01  <div id="app">
02    <ul>
03      <li v-for="item in myArray" v-if="item % 2 == 0"> {{ item }}</li>
04    </ul>
05  </div>
```

Vue 인스턴스의 data:에 myArray 프로퍼티를 준비하고 숫자 배열 데이터를 넣어둡니다.

[예제 6-12] fortest7.html

`JS`

```
01  <script>
02    new Vue({
03      el: '#app',
04      data: {
05        myArray: [1,2,3,4,5,6]
06      }
07    })
08  </script>
```

실행해봅시다. 짝수만 출력되는 것을 확인할 수 있습니다(그림 6-15).

[그림 6-15] 짝수만 표시

[함께 해봐요] 버튼을 클릭하면 짝수만 표시하는 예제 : fortest8.html

다음은 v-if를 이용하여 보이는 것만 변경하는 방법이 아니라 배열 데이터 자체를 변경하여 짝수만 리스트에 표시해 봅시다.

배열 데이터를 "조건에 만족하는 것만 배열에 변경" 하는 것은 JavaScript의 filter 메소드를 사용합니다. 예를 들어 아래와 같이 작성하면 짝수만 배열에서 변경할 수 있습니다(그림 6-16).

```js
var myArray = [1,2,3,4,5,6];
function evenData() {
    this.myArray = this.myArray.filter(
        function(value) {
            return value % 2 == 0;
        });
}
console.log(myArray);
evenData();
console.log(myArray);
```

[그림 6-16] 필터 전의 데이터와 필터 후의 데이터를 콘솔에 표시(filterTest.html)

filter 메소드를 사용하여 짝수만 배열에서 변경시키고 리스트를 표시해봅시다.

myArray의 데이터를 v-for="item in myArray"를 사용하여 리스트로 표시합니다.

버튼을 준비해서 v-on:click="eventData()"로 지정하여 myArray를 짝수만 배열에 변경하도록
지정해 둡시다.

[예제 6-13] fortest8.html

```html
01  <div id="app">
02    <ul>
03      <li v-for="item in myArray">{{ item }}</li>
04    </ul>
05    <button v-on:click="evenData()">짝수만 표시</button><br>
06  </div>
```

Vue 인스턴스의 data:에 소트된 배열 myArray를 준비해 둡니다.

metods:에서 배열을 짝수만으로 필터할 eventData 메소드를 준비해 둡니다.

[예제 6-13] fortest8.html

```js
01  <script>
02    new Vue({
03      el: '#app',
04      data: {
05        myArray: [1,2,3,4,5,6]
06      },
07      methods: {
08        evenData: function() {
09          this.myArray = this.myArray.filter(
10            function(value) { return value % 2 == 0; }
11          );
12        }
13      }
14    })
15  </script>
```

실행해봅시다(그림 6-17, 6-18 ❶❷). 버튼을 클릭하면 리스트가 짝수만 표시되는 것을 확인할 수 있습니다.

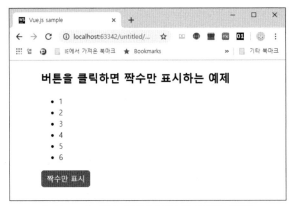

[그림 6-17] 버튼을 클릭하면 짝수만 표시(초기화면)

[그림 6-18] 버튼을 클릭하면 짝수만 표시

03 정리

6장을 복습해 봅시다.

그림으로 보고 이해하는 정리

준비한 데이터의 표시/비표시를 true/false로 변경하는 것은 v-if를 사용합니다.

데이터는 Vue 인스턴스의 **data:**에 준비해둡니다.

이때 프로퍼티의 값을 변경할 수 있도록 체크박스를 준비해두면 유저 조작의 표시/비표시를 실시간으로 확인할 수 있습니다(그림 6-19).

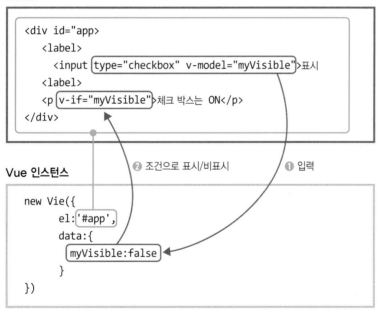

HTML

```
<div id="app">
    <label>
        <input type="checkbox" v-model="myVisible">표시
    <label>
    <p v-if="myVisible">체크 박스는 ON</p>
</div>
```

❷ 조건으로 표시/비표시 ❶ 입력

Vue 인스턴스

```
new Vie({
        el:'#app',
        data:{
        myVisible:false
        }
})
```

[그림 6-19] 그림으로 보고 이해하는 정리

준비한 배열 데이터를 이용하여 태그를 반복하여 표시하는 것에는 v-for를 사용합니다.

배열 데이터는 Vue 인스턴스의 data:에 준비해두면 됩니다(그림 6-20).

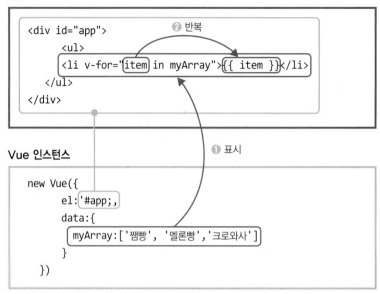

[그림 6-20] 그림으로 보고 이해하는 정리

작성법 복습

true일 때만 표시

1. HTML태그에 v-if="프로퍼티명"으로 작성

```html
<p v-if="myVisible">체크박스는 ON</p>
```

2. Vue 인스턴스의 data:에 프로퍼티를 준비하고 "true/false의 값"을 입력해 둡니다.

```js
data:{
  myVisible:false
}
```

true/false를 바꿔가며 표시할 때

1. HTML 태그에 v-if="프로퍼티명"을 지정하고 false일 경우 표시할 행에 v-else를 지정합니다.

```html
<p v-if="myVisible">체크박스는 ON</p>
<p v-else>체크박스는 OFF</p>
```

2. Vue 인스턴스의 data:에 프로퍼티를 준비하고 "true/false의 값"을 입력해 둡니다.

```js
data:{
  myVisible:false
}
```

배열 데이터를 리스트로 표시할 때

1. HTML 태그에 v-for="임시변수 in 프로퍼티명"으로 작성

```html
<li v-for="item in myArray">{{ item }}</li>
```

2. Vue 인스턴스의 data:에 프로퍼티를 준비하고 "배열데이터"를 입력해 둡니다.

```js
data:{
  myArray:['잼빵', '멜론빵', '크로와사']
}
```

오브젝트를 리스트로 표시할 때

1. HTML 태그에 v-for="임시변수 in 프로퍼티명"으로 작성

```html
<li v-for="item in objArray">{{ item.name }}</li>
```

2. Vue 인스턴스의 data:에 프로퍼티를 준비하고 "오브젝트의 배열 데이터"를 입력해둡니다.

```js
data:{
  objArray:[
    {name:"짬빵", price:1000},
    {name:"멜론빵", price:1200},
    {name:"크로와상", price:1500}
    ]
  }
```

횟수를 지정하여 리스트로 표시할 때

1. HTML 태그에 v-for="임시변수 in 횟수"로 작성

```html
<li v-for="n in 10">{{ n }}</li>
```

배열 데이터를 추가 삭제할 때

1. 배열의 맨 뒤에 데이터를 추가할 때는 배열.push(추가데이터);로 작성

```js
this.myArray.push(추가데이터);
```

2. 배열의 중간에 데이터를 추가할 때는 배열.push(지정위치, 0, 추가데이터);로 작성

```js
this.myArray.push(지정위치, 0, 추가데이터);
```

3. 배열의 데이터를 변경할 때는 배열.push(지정위치, 1, 변경데이터);로 작성

```js
this.myArray.push(지정위치, 1, 변경데이터);
```

7. 배열의 데이터를 삭제할 때는 배열.splice(지정위치,1);로 작성

```js
this.myArray.splice(지정위치, 1);
```

1. 다음 괄호 안에 알맞은 말을 넣으시오.

   > 조건에 따라 내용을 표시할 때는 (   ) 디렉티브를 사용한다. 이와 비슷한 디렉티브로 (   )가 있으며
   > 다른 점은 표시만 제어할 뿐 html 안에는 남아 있다는 점이다.
   > 반복해서 표시할 때는 (   ) 디렉티브를 사용하며 배열 데이터 등에서 하나씩 데이터를 추출하는 데 사
   > 용할 수 있다.

2. li 태그를 이용하여 myArray = ['1', '2', '3', '4']라는 배열을 반복하여 표시하는 태그를 작
   성하시오.

3. 배열 데이터의 요소 값을 변경할 때 myArray[0] = 100 처럼 직접 지정하지 않고 array.splice()
   메소드를 사용하는 이유는 무엇인가?

number_list = [2,3,4,5,6,7,8,9] 기본 배열을 조작하고 리스트를 구구단으로 출력하시오

1. 버튼 추가/삭제/소트 버튼을 만들어서 조작할 수 있게 할 것

    A. 추가는 숫자 1을 맨뒤에 추가시킬 것

    B. 삭제는 해당 배열 리스트 옆에 버튼을 두고 삭제할 수 있게 할 것

    C. 변경은 버튼을 누르면 자동으로 현재 숫자 + 1로 변경되게 할 것

    D. 소트 버튼을 누르면 오름차순으로 정렬되게 하되 중복은 제거할 것

2. 구구단 출력 버튼을 누르면 마지막으로 만들어진 배열 기준으로 출력할 것

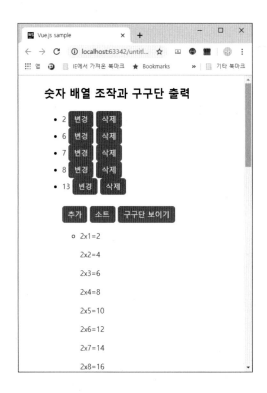

프로그램을 만들기 위해서는 다음과 같은 지식이 필요해요

- 반복 표시를 해주는 v-for 디렉티브 사용 방법
- 배열 데이터를 조작하는 메소드에 대한 지식

힌트!

숫자 배열 li 태그

```
<li v-for="(item, index) in myArray">{{item}}
```

배열 조작 메소드

```
sortData: function(){
},
addNumber: function(){
},
modifyNumber: function(){
},
deleteNumber: function(){
},
showGuGu: function(){
}
```

7장

Google Charts와 연동
- 자바스크립트 라이브러리와 연동하는 방법

6장까지는 Vue.js의 기본에 대해 알아보았습니다. 7장부터는 좀더 기능적인 예제를 만들어보 겠습니다. 그 시작으로 구글 차트를 활용한 예제입니다. 이번 장부터 Vue.js가 어떻게 쓰이는 지 그리고 여러분의 프로젝트에 얻을 수 있는 아이디어를 얻을 수 있다면 좋겠습니다.

#핵심_키워드

#구글_차트

구글 차트란?

유저가 조작하면 움직이는 그래프를 만들어 봅시다.

Vue.js는 다른 JavaScript 라이브러리와 연동할 수 있습니다. 이번엔 Google Charts와 연동해 봅시다.

Google Charts는 여러 가지 그래프를 간단히 그릴 수 있는 JavaScript 라이브러리입니다. "어떤 그래프를 사용해서 어떤 데이터를 표시할 것인가"를 결정하는 것만으로 원 그래프나 막대그래프, 선그래프 등 여러 가지 그래프를 표시할 수 있습니다.

CDN으로 설치할 수 있으므로 가볍게 사용할 수 있습니다. HTML에서 사용할 수 있는 코드는 다음과 같이 작성합니다. CDN에서 script로 읽어들이기만 하면 됩니다.

서식   Google Charts 라이브러리의 CDN 지정 방법   `HTML`

```html
<script type="text/javascript" src="https://www.gstatic.com/charts/ loader.js">
</script>
```

Google Charts에서는 "움직이지 않는" 그래프는 표시할 수 있지만, 인터랙티브하게 변화시킬 수는 없습니다. 그러나 Vue.js를 연동하면 "유저가 조작하면 움직이는 그래프"를 만들 수 있게 됩니다.

[함께 해봐요] **Google Charts에서 원 그래프를 표시하는 예제 : GoogleCharts.html**

먼저 Google Charts만으로 평범한 3D 원 그래프를 그리는 프로그램을 만들어 봅시다. 준비할 것은 "그래프에 사용할 데이터"와 "어떤 그래프를 그릴까를 설정한 함수" 입니다. 여기서는 3D로 그릴 예정이므로 is3D 옵션을 지정한 PiChart(원 그래프)를 그려봅시다. 예제로 "선호하는 점심 메뉴 투표 결과의 원 그래프"를 그려봅시다.

```html
01  <!DOCTYPE html>
02  <html>
03    <head>
04      <meta charset="UTF-8">
05      <title>Vue.js sample</title>
06      <link rel="stylesheet" href="style.css" >
07      <script type="text/javascript" src=
          "https://www.gstatic.com/charts/loader.js"></script>
08    </head>
09
10    <body>
11      <h2>Google Charts로 원그래프를 그리는 예제</h2>
12      <h3>선호하는 점심 메뉴 투표</h3>
13      <div id="chart_div" style="height: 500px;"></div>
14
15      <script>
16        // 그래프에 사용할 데이터
17         var orgdata = [
18           ['종류', '개수'],
19           ['도시락', 3], ['갈비탕', 4], [ '오므라이스', 5],
20           ['짬뽕', 1], ['비빔밥', 3], [ '메밀소바', 1]
21          ];
22
23        google.charts.load('current', {packages: ['corechart']});
24        google.charts.setOnLoadCallback(drawBasic);
25
26        // 그래프를 그리는 함수
27        function drawBasic() {
28          var data = google.visualization.arrayToDataTable(orgdata);
29          var options = {title: '선호하는 점심',"is3D": true};
30          var chart = new google.visualization.PieChart(
31              document.getElementById('chart_div'));
32          chart.draw(data, options);
33        }
34      </script>
35    </body>
36  </html>
```

원 그래프는 `<div id="chart_div" style="height: 500px;"></div>`의 크기로 그립니다.

그래프에 사용하는 데이터는 orgdata입니다. ['도시락', 3]이나 ['갈비탕', 4] 등과 같이 "점심메뉴와 투표수"를 세트로 한 데이터를 입력해 두었습니다.

이제 그래프를 표시하는 함수에 데이터를 전달하면 비율을 3D 원 그래프로 표시해줍니다(그림 7-1).

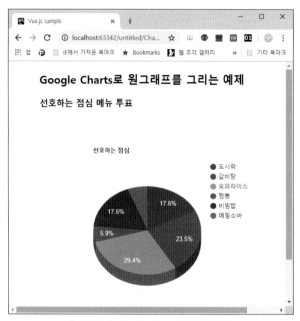

[그림 7-1] Google Charts의 실행 예제

02 Google Charts와 연동하기

Vue.js와 Google Charts를 연동하여 동적으로 변화하는
원 그래프를 그려봅시다.

[함께 해봐요] Google Charts의 원 그래프에 버튼으로 투표할 수 있는 예제
: GoogleChartsVue.html

이번에는 만들어 놓은 원 그래프에 Vue 인스턴스를 추가하여 동적으로 만들어 봅시다. 구체적으로는 "투표" 버튼을 추가하여 "유저가 투표하면 움직이는 그래프"로 개선합니다.

먼저 원 그래프를 표시하는 div 태그(id="chart_div")의 아래 "투표" 버튼을 만듭니다. 항목의 수만큼 표시되므로 v-for를 사용하여 "투표" 버튼을 반복해서 표시합니다. 다만 데이터의 첫번째는 ['종류', '개수']의 타이틀이 들어가므로 v-if로 두번째 이후부터 표시되도록 제한합니다. 이를 실행하는 것은 v-for="(item,c) in dataArray" v-if="c>0"입니다.

버튼에는 "클릭하면 그 번호에 투표" 하도록 합시다. 이를 실행하는 것은 v-on:click="addOne(c)" 입니다.

[예제 7-2] GoogleChartsVue.html

```html
01  <div id="chart_div" style="height: 500px;"></div>
02  <div id="app">
03    <li v-for="(item, c) in dataArray" v-if="c>0">{{item[0]}} : {{item[1]}}
04      <button v-on:click="addOne(c)">한표</button>
05    </li>
06  </div>
```

Vue.js를 사용하므로 Vue 라이브러리를 읽어 들입니다.

Vue 인스턴스의 data:에는 dataArray를 준비하고 값을 orgdata로 하여 원 그래프 데이터로 사용합니다.

methods:에 투표 기능에 사용할 addOne(val) 메소드를 준비합니다. 각 점심 투표 데이터는 this.dataArray[점심번호]에 들어갑니다. 지정된 점심번호(val)의 투표수를 증가시켜야 하기 때문에 먼저 this.dataArray[val]의 오브젝트를 다른 변수 obj에 넣어 둡니다. 점심 투표수는 이 배열의 [1]에 들어있으므로 obj[1]의 값에 1을 더하고 추가 완료된 obj를 splice 메소드에 넣어 값을 변경합니다. 그리고 drawBasic();을 호출하여 그래프를 다시 그립니다.

[예제 7-2] GoogleChartsVue.html

```
01  <script src="https://cdn.jsdelivr.net/npm/vue@2.6.10/dist/vue.js"></script>
02  <script>
03    new Vue({
04      el: '#app',
05      data: {
06        dataArray:orgdata
07      },
08      methods: {
09        addOne: function(val) {
10          var obj = this.dataArray[val];
11          obj[1]++;
12          this.dataArray.splice(val, 1, obj);
13          drawBasic();
14        }
15      }
16    });
17  </script>
```

실행해봅시다. "한표"라는 라벨이 붙은 투표 버튼이 표시되고 클릭하면 원 그래프의 비율이 실시간으로 변경되는 것을 확인할 수 있습니다(그림 7-2).

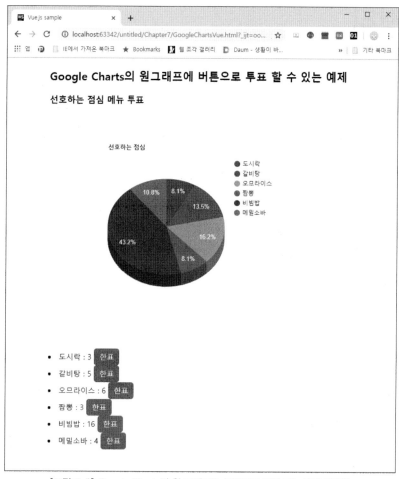

[그림 7-2] Google Charts의 원 그래프를 버튼으로 투표 가능하게 만들기

03 정리

7장을 복습해 봅시다.

그림으로 보고 이해하는 정리

Google Charts는 "그래프의 데이터"와 "어떤 그래프를 그릴 것인가를 지정하는 함수" 만 준비되면 그래프를 그리는 것이 가능한 라이브러리입니다.

"그래프의 데이터"를 Vue 인스턴스의 data:에 준비한 프로퍼티로 넣기만 하면 Google Charts와 Vue.js를 연결시킬 수 있습니다.

Vue 인스턴스로 데이터를 변경하기만 하면 Google Charts의 그래프를 실시간으로 변경하는 구조를 만들 수 있습니다(그림 7-3).

HTML

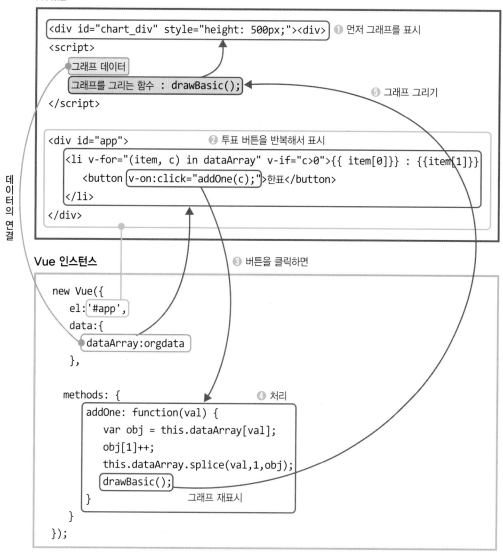

```
<div id="chart_div" style="height: 500px;"><div>    ❶ 먼저 그래프를 표시
<script>
    그래프 데이터
    그래프를 그리는 함수 : drawBasic();                   ❺ 그래프 그리기
</script>

<div id="app">              ❷ 투표 버튼을 반복해서 표시
    <li v-for="(item, c) in dataArray" v-if="c>0">{{ item[0]}} : {{item[1]}}
        <button v-on:click="addOne(c);">한표</button>
    </li>
</div>
```

데이터의 연결

Vue 인스턴스   ❸ 버튼을 클릭하면

```
new Vue({
    el:'#app',
    data:{
        dataArray:orgdata
    },

    methods: {                        ❹ 처리
        addOne: function(val) {
            var obj = this.dataArray[val];
            obj[1]++;
            this.dataArray.splice(val,1,obj);
            drawBasic();
        }                              그래프 재표시
    }
});
```

[그림 7-2] 그림으로 보고 이해하는 정리

작성법 복습

Google Charts로 그래프를 표시할 때

1. Google Charts 라이브러리를 CDN으로 설치

```html
<script type="text/javascript" src=
"https://www.gstatic.com/charts/ loader.js"></script>
```

2. 그래프에 사용할 데이터 준비

```js
var orgdata = [
['종류', '개수'],
['도시락', 3], ['갈비탕', 4], [ '오므라이스', 5],
['짬뽕', 1], ['비빔밥', 3], [ '메밀소바', 1]
];
```

3. 어떤 그래프를 그릴 것인지 지정할 함수 준비

```js
var data = google.visualization.arrayToDataTable(orgdata);
var options = {title: '선호하는 점심',"is3D": true};
var chart = new google.visualization.PieChart(
        document.getElementById('chart_div'));
chart.draw(data, options);
```

4. 그래프를 표시하는 명령 실행

```js
chart.draw(data, options);
```

1. 다음 중 vue.js와 google charts에 대한 설명 중 맞는 내용을 고르시오

   A. Vue.js는 Google charts와 연동할 수 없다.

   B. Google charts는 유료 제품으로 구매 후 사용해야 한다.

   C. Google charts는 원 그래프만 그릴 수 있다.

   D. Vue.js와 Google charts를 연동하면 조작에 의해 움직이는 그래프를 만들 수 있다.

본문에 나온 예제를 막대 그래프로 변경하고 한표를 뺄 수 있도록 함수를 추가해 보시오.

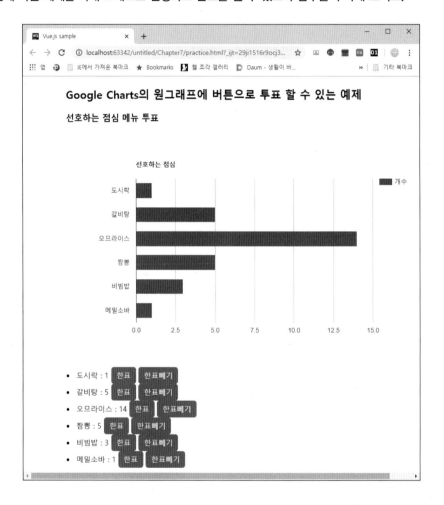

프로그램을 만들기 위해서는 다음과 같은 지식이 필요해요

- Google Charts 라이브러리 사용법
- 라이브러리를 Vue.js와 연동하는 방법

힌트!

methods 옵션 구조

```
methods: {
  addOne: function(val) {
    ...

  },
  subOne: function(val) {
    ...

  }
}
```

8장
데이터의 변화 감지

이번 장은 데이터를 입력하면 계산하여 출력하는 예제를 배워봅니다. 또한, 데이터의 변화를 감지하여 알려주는 예제를 만들어봅시다.

#핵심_키워드

#데이터_계산 #데이터_감지

데이터를 사용한 별도 계산
: 산출 프로퍼티

새로운 계산 방법을 학습합시다.

이제까지는 기본적으로 "데이터의 값을 그대로" 사용했습니다.

그렇지만 계산한 데이터의 값을 표시하고 싶거나 문자를 추가하여 표시하고 싶은 경우는 머스태시 Mustache 안에 JavaScript를 직접 사용할 수도 있습니다.

```html
<p>{{ myPrice * 1.08 }}</p>
<p>{{ "안녕하세요 "+ myName + "님" }}</p>
<p>{{ myName.substr(0,1) }}</p>
```

그러나 HTML에 갑자기 이런 JavaScript를 넣으면 "이건 갑자기 뭐지?"라고 생각하게 될지도 모릅니다. JavaScript 쪽 프로그램 지식과 이 태그와 전체의 관계를 정확히 머릿속에 두고 있는 사람이라면 금방 알 수도 있겠지만 보통은 프로그램을 보지 않으면 알기 어렵습니다.

사실은 HTML만 보고 무엇을 표시하려고 하는지를 알 수 있어야 좋습니다.

HTML을 보고 "무엇을 표시하려는가?"를 알고 JavaScript를 보고 "구체적으로 어떤 처리를 하려는가?"를 알아서 역할을 나누어 만드는 것이 이해하기 쉽습니다. 그리고 CSS를 보면 "어떤 스타일을 입히는가?"를 알 수 있습니다(그림 8-1).

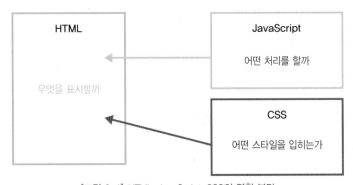

[그림 8-1] HTML, JavaScript, CSS의 역할 분담

마찬가지로 데이터를 사용해 별도로 계산을 하고 싶은 때는 머스태시 안에 "JavaScript 식"을 직접 쓰는 것보다 계산된 "무엇을 표시할까"를 쓰는 편이 이해하기 쉽습니다. 이를 "computed 옵션(산출 프로퍼티)"라고 합니다.

데이터의 값을 계산하여 쓸 때는 computed

HTML에 "값을 나타내는 이름"으로 산출 프로퍼티를 쓰면 무엇을 하려는지 보기만 해도 알 수 있습니다. 예를 들어, taxIncluded라고 쓰여 있으면 세금포함 금액이 표시되고 있구나. 또는 sayHello라고 써있으면 인사가 표시되고 있구나. nameInitials라고 써있다면 머리글자가 표시되겠구나 등 HTML을 보는 것만으로 예상이 가능하게 됩니다.

```
<p>{{ taxIncluded }}</p>
<p>{{ sayHello }}</p>
<p>{{ nameInitials }}</p>
```

또한, computed 옵션은 머스태시 태그 안에 쓰는 것과 달리 몇줄이라도 작성하는 것이 가능하므로 복잡한 처리를 작성할 수도 있습니다.

사용법은 Vue 인스턴스의 data:, methods:에 이어서 computed:{computed프로퍼티명}과 같이 씁니다. 그 안에는 computed프로퍼티명:function(){처리내용}과 같은 형식으로 추가합니다. 혹시 복수일 경우에는 컴마 구분으로 연결해서 사용할 수 있습니다.

서식 산출 프로퍼티를 작성

`JS`

```
new Vue({
  el:"#ID명",
  data:{
    프로퍼티명:값,
    프로퍼티명:값
  },
  computed:{
    computed프로퍼티명:function(){
      처리내용
    },
    computed프로퍼티명:function(){
      처리내용
    }
  }
})
```

computed 옵션을 사용하여 입력한 수식에서 별도의 값을 계산한 다음 표시해 봅시다. 금액을 입력하면 소비세가 포함된 금액을 계산하여 표시하는 프로그램입니다.

먼저 input 태그에 v-model.number="price"라고 지정하여 입력된 수식이 price로 들어가게 합시다. 이 데이터에서 계산한 세금포함 금액을 {{taxIncluded}}라는 프로퍼티명만 써서 표시해 봅시다.

[예제 8-1] computedtest1.html

```html
01  <div id="app">
02      <input v-model.number="price" type="number">원
03      <p>소비세 포함 금액 {{ taxIncluded }} 원</p>
04  </div>
```

Vue 인스턴스의 data:에 price라는 프로퍼티를 준비하고 값 100을 입력합니다.

computed:에 "price가 변하면 소비세 포함 금액을 계산" 하는 taxIncluded 프로퍼티를 준비하고 여기에 this.price에 1.08 배를 곱한 값을 반환하는 function을 만듭니다.

[예제 8-1] computedtest1.html

```js
01  <script>
02      new Vue({
03          el: '#app',
04          data: {
05              price: 100
06          },
07          computed: {
08              // price가 변하면 소비세 포함 금액이 변한다.
09              taxIncluded: function() {
10                  return this.price * 1.08;
11              }
12          }
13      })
14  </script>
```

실행해 봅시다. 금액을 입력하면 price 값이 변하고 price를 처리를 하고 있는 taxInclued의 프로퍼티 값도 자동으로 변합니다. 소비세 포함 금액이 표시되는 것을 확인할 수 있습니다(그림 8-2 ❶❷).

[그림 8-2] 금액을 입력하면 소비세 포함 금액을 계산

[함께 해봐요] **단가와 개수를 입력하면 세금포함 금액을 계산하는 예제 : computedtest2.html**

마찬가지로 단가와 개수를 입력하면 세금포함 금액을 계산하는 프로그램을 만들어 봅시다.

input 태그에 v-model.number="price"로 지정하여 입력한 금액이 price로 들어가게 합시다. 또한 v-model.number="count"를 지정하여 입력한 개수도 count에 들어가게 합시다. 이 데이터를 가지고 계산한 합계 금액을 {{sum}}으로, 세금포함 금액을 {{taxIncluded}}라는 프로퍼티명만 표시합니다.

[예제 8-2] computedtest2.html

```html
01  <div id="app">
02      <input v-model.number="price" type="number">원 x
03      <input v-model.number="count" type="number">개
04      <p>    합계 {{ sum }} 원</p>
05      <p>세금포함 {{ taxIncluded }} 원</p>
06  </div>
```

Vue 인스턴스의 data:에 price, count라는 프로퍼티를 준비합니다.

computed:에 "price나 count가 변하면 합계 금액을 계산" 하는 "sum" 프로퍼티를 준비합니다. 여기에 this.price와 this.count를 곱해서 반환하는 function을 만듭니다.

또한 "합계 금액이 변하면 세금포함 금액을 계산" 하는 taxIncluded 프로퍼티를 준비하고 this. sum을 1.08배 하여 값을 반환하는 function도 만듭니다.

[예제 8-2] computedtest1.html

```
01  <script>
02    new Vue({
03      el: '#app',
04      data: {
05        price: 100,
06        count: 1
07      },
08      computed: {
09        // price나 count가 변하면 합계 금액을 계산한다.
10        sum: function () {
11          return this.price * this.count;
12        },
13        // 합계 금액이 변하면 세금포함 금액을 계산한다.
14        taxIncluded: function() {
15          return this.sum * 1.08;
16        }
17      }
18    })
19  </script>
```

실행해 봅시다. 단가와 개수를 입력하면 price나 count 값이 변하고 price나 count 값을 사용하여 처리하는 sum 프로퍼티와 taxIncluded 프로퍼티의 값도 자동으로 갱신됩니다. 소비세포함 금액이 표시되는 것을 확인할 수 있습니다(그림 8-3 ❶❷).

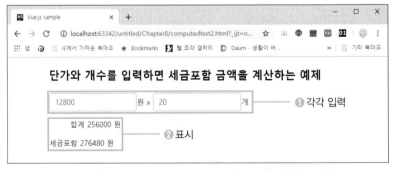

[그림 8-3] 단가와 개수를 입력하면 세금포함 금액을 계산하는 예제

데이터에서 "문자열을 계산" 하는 것도 가능합니다.

문장을 입력하면 남은 문자수를 표시하는 프로그램을 만들어 봅시다. 또한 남은 문자수가 줄어들수록 문자의 색도 변하게 해봅시다.

textarea 태그에 v-model="myText"를 지정하고 입력한 문자열이 myText에 들어가도록 합시다. 이 데이터에서 산출한 computedColor를 사용하여 v-bind:style="{color:computedColor}"으로 문자색을 지정하고 남은 문자수를 {{remaining}}로 프로퍼티명만 써서 표시합니다.

[예제 8-3] computedtest3.html

```html
01  <div id="app">
02    <p>감상은 140자 이내로 입력해 주세요.</p>
03    <textarea  v-model="myText"></textarea>
04    <p v-bind:style="{color: computedColor}">남은 글자는 {{ remaining }} 입니다.</p>
05  </div>
```

Vue 인스턴스의 data:에 myText라는 프로퍼티를 준비합니다.

computed:에 "myText의 길이가 변하면 남은 글자수를 계산" 하는 remaining 프로퍼티를 준비합니다. 그리고 140(최대값)에서 this.myText.length를 뺀 값을 반환하는 function을 만듭니다.

이어서 "remaining이 변하면 글자색을 산출" 하는 computedColor 프로퍼티를 준비합니다. 그리고 this.remaining 값에 따라 녹색, 오렌지색, 빨간색의 값을 col에 담아서 반환하는 function을 만듭니다.

[예제 8-3] computedtest3.html

```js
01  <script>
02    new Vue({
03      el: '#app',
04      data: {
05        myText:'오늘은 날씨가 좋습니다.'
06      },
07      computed: {
08        // myText의 길이가 변하면 남은 글자수를 계산한다.
09        remaining: function() {
10          return 140 - this.myText.length;
11        },
```

```
12          // remaining이 변하면 computedColor을 계산한다.
13          computedColor: function() {
14              col = "green";
15              if (this.remaining < 20) {
16                  col = "orange";
17              }
18              if (this.remaining < 1) {
19                  col = "red";
20              }
21              return col;
22          }
23      }
24  })
25 </script>
```

실행해 봅시다. 문장을 입력하면 남은 글자수가 표시되고 그 문자수에 따라서 글자의 색이 녹색, 오랜지색, 빨간색으로 변화하는 것을 확인할 수 있습니다(그림 8-4 ❶❷, 그림 8-5 ❶❷, 그림 8-6 ❶❷).

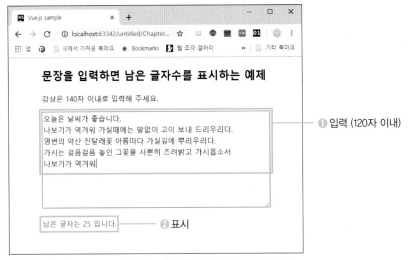

[그림 8-4] 녹색으로 남은 글자수를 표시

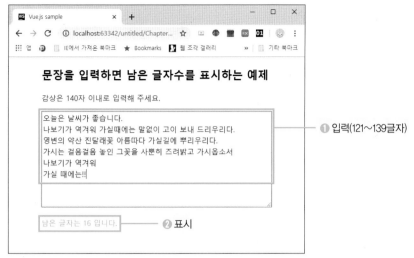

[그림 8-5] 오렌지색으로 남은 문자수를 표시

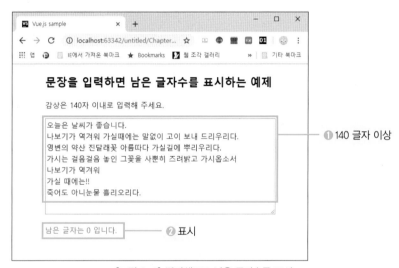

[그림 8-6] 빨간색으로 남은 글자수를 표시

[함께 해봐요] **문자를 입력하면 그 문자를 표함한 항목만 표시하는 예제**
: computedtest4.html

데이터에서 "배열을 계산" 하는 것도 가능합니다. 배열을 사용해서 리스트를 표시하면 데이터를 변경하는 것만으로 자동으로 리스트가 증가하거나 감소하도록 만들 수 있습니다.

그러면 검색하는 문자를 입력하면 그 문자를 포함한 리스트만 표시되도록 만들어 봅시다.

input 태그에 v-model="findWord"라고 추가하여 입력된 문자열이 findWord에 들어가도록 합시다. li 태그에 v-for="item in findItems"라고 추가하여 검색 결과의 findItems의 배열을 표시하게 합시다.

```html
01  <div id="app">
02      <input v-model="findWord">
03      <ul>
04          <li v-for="item in findItems">{{item}}</li>
05      </ul>
06  </div>
```

Vue 인스턴스의 data:에 검색용 findWord 프로퍼티와 배열 데이터용 items 프로퍼티를 준비합니다.

computed:에 "findWord가 변하면 그 문자가 포함된 리스트를 계산" 하는 findItems 프로퍼티를 준비하고 findWord의 문자가 포함된 리스트만 만들어서 반환하는 function을 작성합니다. 그리고 혹시, findWord가 공백일 때는 원래 리스트를 그대로 반환하게 합시다.

```js
01  <script>
02      new Vue({
03          el: "#app",
04          data: {
05              findWord:'',
06              items:['설악산','한라산','북한산','백두산','지리산']
07          },
08          computed: {
09              // this.findWord가 변하면 그 문자가 포함된 리스트를 계산한다.
10              findItems: function() {
11                  if (this.findWord) {
12                      return this.items.filter(function(value) {
13                          return (value.indexOf(this.findWord) > -1);
14                      }, this);
15                  } else {
16                      // this.findWord가 공백일 땐 리스트를 그대로 반환한다.
17                      return this.items;
18                  }
19              }
20          }
21      })
22  </script>
```

실행해 봅시다. 예를 들어 "한"이라고 입력하면 "한"이 포함된 항목만 반영된 리스트가 표시됨을 확인할 수 있습니다(그림 8-7, 그림 8-8 ❶❷).

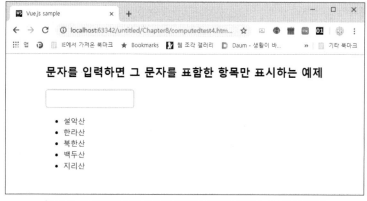

[그림 8-7] 문자를 입력하면 그 문자를 포함한 항목만 표시(초기화면)

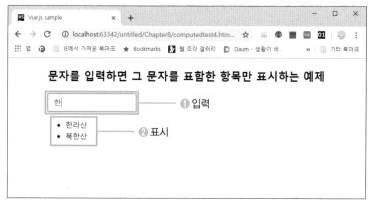

[그림 8-8] "한"이 포함된 항목만 표시

[함께 해봐요] **적색, 녹색, 청색의 슬라이더를 움직이면 완성된 색을 표시하는 예제**
: computedtest5.html

"복수의 데이터에서 하나의 값을 산출" 하는 것도 가능합니다.

적색(R), 녹색(G), 청색(B)의 값을 조정하는 세개의 슬라이더를 준비하고 완성된 색을 표시해 봅시다. 슬라이더 작성은 input 태그의 range를 사용하면 됩니다.

p 태그의 스타일(style)에 v-bind:style="{backgroundColor:mixColor}"을 추가하고 배경색이 변경되도록 합니다. 그리고 그 값을 {{mixColor}}로 표시합니다.

준비된 R,G,B 3종류의 슬라이더에 v-model="R"을 추가하고 입력된 값에 "R"이 들어가도록 합니다. 마찬가지로 G, B도 동일하게 준비하고 최소값(min)은 0, 최대값(max)는 255로 합니다.

[예제 8-5] computedtest5.html

```html
01  <div id="app">
02      <p v-bind:style="{backgroundColor: mixColor}"/>{{ mixColor }}</p>
03      <input type="range" v-model="R"  min="0" max="255"/><br>
04      <input type="range" v-model="G"  min="0" max="255"/><br>
05      <input type="range" v-model="B"  min="0" max="255"/><br>
06  </div>
```

Vue 인스턴스의 data:에 검색으로 "R", "G", "B" 프로퍼티를 준비합니다.

computed:에 "R, G, B의 값이 변하면 완성된 색 값을 산출하는 mixColor 프로퍼티를 준비하고 function을 만들어서 스타일을 사용하도록 "RGB(적,청,녹)"의 형식을 반환하도록 합니다.

[예제 8-5] computedtest5.html

```javascript
01  <script>
02      new Vue({
03          el: "#app",
04          data: {
05              R:255,
06              G:150,
07              B:100
08          },
09          computed: {
10              // R,G,B의 값이 변하면 색을 계산한다.
11              mixColor: function() {
12                  var ans = "RGB("+this.R+","+this.G+","+this.B+")";
13                  return ans;
14              }
15          }
16      })
17  </script>
```

실행해봅시다. 슬라이더를 움직이면 배경색이 변경되는 것을 확인할 수 있습니다(그림 8-9 ❶❷).

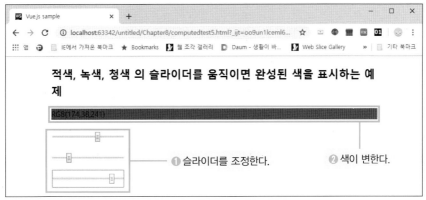

[그림 8-9] 적녹청의 슬라이더를 움직여서 조합된 색을 표시

02 데이터의 변화를 감지 : 감지 프로퍼티

변화가 있으면 처리하는 방법을 학습합시다.

데이터나 수식의 값이 변할 때 어떤 처리를 하고 싶을 때는 "watch 옵션(감지 프로퍼티)"를 사용합니다. 타이머나 비동기 값 등, 자동으로 값을 감지하는 경우에도 사용할 수 있습니다.

데이터의 변화를 감지할 때는, watch

[함께 해봐요] **입력문자를 감지하여 금지문자가 입력되면 얼럿을 띄우는 예제 : watchtest1.html**

입력하는 문자를 감지하여 금지문자가 입력되면 얼럿을 띄우고 그 문자를 삭제해 봅시다.

p 태그에 먼저 금지된 문자("안되")를 표시합니다. 금지문자를 입력하는 forbiddenText를 준비하여 {{ forbiddenText }}으로 표시합니다.

textarea 태그에 v-model="inputText"라고 지정하여 입력한 문자열이 inputText에 들어가도록 합니다.

[예제 8-6] : watchtest1.html

```html
01  <div id="app">
02    <p>금지문자는「{{ forbiddenText }}」</p>
03    <textarea  v-model="inputText"></textarea>
04  </div>
```

Vue 인스턴스의 data:에 금지문자가 들어갈 forbiddenText 프로퍼티와 입력된 문장이 들어갈 inputText 프로퍼티를 준비합니다.

watch:에 "inputText를 감지하는 메소드"를 준비합니다. 변화가 있을 때 금지문자가 포함되는 지를 감지하여 얼럿을 띄우고 문자열에서 금지문자 이후의 문자를 지워 버립니다.

```
01  <script>
02    new Vue({
03      el: '#app',
04      data: {
05        forbiddenText: '안되',
06        inputText: '오늘은 날씨가 좋습니다.'
07      },
08      watch: {
09        // 입력한 문자열을 감지한다.
10        inputText: function(){
11          var pos = this.inputText.indexOf(this.forbiddenText);
12          if (pos >= 0) {
13            alert(this.forbiddenText + "는 입력할 수 없습니다.");
14            // 입력문자에서 금지문자를 삭제한다.
15            this.inputText = this.inputText.substr(0,pos);
16          }
17        }
18      }
19    })
20  </script>
```

실행해 봅시다. 보통의 문장을 입력할 수는 있지만 "안되"라고 입력하면 얼럿이 띄워지고 해당 문자는 입력이 불가능함을 확인할 수 있습니다(그림 8-19 ①②).

[그림 8-10] 입력문자를 감지하여 금지문자가 입력되면 얼럿을 띄움

타이머 만들기

watch 옵션은 "시간 감지"도 가능합니다.

[함께 해봐요] **남은 시간이 0초가 되면 얼럿을 띄우는 예제 : timerTest.html**

먼저 setInterval 메소드를 사용해서 타이머를 만들어 봅시다. "START" 버튼을 클릭하면 5초 후에 얼럿을 띄우는 프로그램입니다.

버튼을 클릭하면 startTimer 메소드가 호출되고 setInterval에서 1초(1000미리초)에 한번씩 countDown 메소드를 실행합니다.

countDown 메소드에서는 1초씩 줄여가며 0초보다 작아지게 되면 얼럿을 띄우고 타이머를 중지시킵니다.

[예제 8-7] timerTest.html

```html
01  <body>
02      <h2>남은 시간이 0초가 되면 얼럿을 띄우는 예제 </h2>
03      <button onclick="startTimer()">START</button>
04
05      <script>
06          function startTimer() {
07              // 남은 시간 5초
08              this.restSec = 5;
09              // 타이머 시작, 1초(1000밀리초)에 한번씩 countDown()을 실행
10              this.timerObj = setInterval(() => { countDown() }, 1000)
11          }
12          function countDown() {
13              // 1초 감소
14              this.restSec --;
15              // 0초 이하가 되면 얼럿을 띄우고 타이머를 중지
16              if (this.restSec <= 0) {
17                  alert("제한 시간 입니다.");
18                  clearInterval(this.timerObj);
19              }
20          }
21      </script>
22  </body>
```

실행해봅시다. "START" 버튼을 클릭하면 5초 후에 얼럿을 띄우고 있음을 확인할 수 있습니다(그림 8-11 ❶❷). 하지만 이는 단순히 5초가 지나면 얼럿을 띄우기만 하므로 watch 옵션을 사용하여 카운트 다운할 때 초를 표시하도록 개선해 봅시다.

[그림 8-11] 남은 초가 0이 되면 얼럿을 띄움

[함께 해봐요] 남은 시간(초)을 감시하여 표시하고 0초가 되면 얼럿을 띄우는 예제 : watchTest2.html

Vue.js의 watch 옵션을 사용하여 카운트다운 할 때 초를 표시하다가 0초가 되면 얼럿을 띄우도록 개선해봅시다.

p 태그에 "앞으로, {{restSec}}초"라고 표시합니다. 여기서 사용하는 restSec에는 카운트 다운 데이터가 들어가서 변하게 됩니다.

button 태그에는 "클릭한 startTimer를 실행" 하도록 v-on:click="startTimer"라고 지정합니다.

[예제 8-8] watchTest2.html

```html
01  <div id="app">
02      <p>앞으로 {{ restSec }}초<br>
03      <button v-on:click="startTimer">START</button>
04  </div>
```

Vue 인스턴스의 data:에 남은 초가 들어가는 restSec 프로퍼티와 타이머 오브젝트가 들어가는 timerObj 프로퍼티를 준비합니다.

methods:에 타이머를 시작시키는 startTimer 메소드를 준비합니다. 남은 시간을 5초로 설정하고 매초마다 1씩 감소시키는 타이머를 시작합니다.

watch:에 남은 시간(restSec)을 감시하는 restSec 메소드를 준비합니다. 변화가 있을 때 0초 이하가 되면 얼럿을 띄우고 타이머를 중지합니다.

```js
01  <script>
02    new Vue({
03      el: '#app',
04      data: {
05        restSec: 5,
06        timerObj:null,
07      },
08      methods: {
09        startTimer:function() {
10          // 남은 시간 5초
11          this.restSec = 5;
12          // 타이머를 스타트, 1초(1000미리초)에 1씩 감소
13          this.timerObj = setInterval(()=> { this.restSec-- }, 1000)
14        }
15      },
16      watch: {
17        // 남은 초를 감시한다.
18        restSec: function() {
19          // 0초 이하가 되면 얼럿을 띄우고 타이머를 멈춘다.
20          if (this.restSec <= 0) {
21            alert("제한시간 입니다.");
22            clearInterval(this.timerObj);
23          }
24        }
25      }
26    })
27  </script>
```

실행해 봅시다. "START" 버튼을 클릭하면 1초마다 표시가 변하고(그림 8–12 ❶❷) 5초 후에 얼
럿이 띄워짐을 확인할 수 있습니다(그림 8–13 ❶❷).

[그림 8–12] 남은 시간(초)를 감지하여 표시하고 0초가 되면 얼럿 띄움

194

[그림 8-13] 5초후에 얼럿이 표시된다.

0초 타이밍에 얼럿을 띄우도록 하였으나 실제 표시는 "앞으로 1초"가 되고 있습니다. "앞으로 0초"는 얼럿을 닫으면 표시됩니다. 감시하는 타이밍과 표시되는 타이밍 차이입니다.

TweenMax 라이브러리 사용

watch 옵션은 "애니메이션을 감지" 하는 것도 가능합니다.

예를 들어서 JavaScript에서 애니메이션을 만드는 편리한 "TweenMax"라는 라이브러리가 있는데 이것을 사용하면 "데이터의 변화"도 애니메이션화할 수 있습니다.

서식 TweenMax 라이브러리의 CDN 지정 방법

HTML
```html
<script src="https://cdnjs.cloudflare.com/ajax/libs/gsap/1.19.1/
 TweenMax.min.js"></script>
```

[함께 해봐요] TweenMax 테스트 : tweenMaxTest.html

TweenMax의 테스트로 "이동" 버튼을 클릭하면 x좌표가 500px의 위치까지 이동하는 프로그램을 만들어 봅시다.

myMove 메소드는 TweenMax.to 메소드로 #movebtn이라는 태그를 1초동안에 x 프로퍼티를 500px까지 변화시킵니다.

```html
01  <body>
02      <h2>TweenMax 테스트</h2>
03      <button id="movebtn" type="button" onclick="myMove()">이동</button>
04      <script src="https://cdnjs.cloudflare.com/ajax/libs/gsap/1.19.1/
          TweenMax.min.js"></script>
05      <script>
06          function myMove() {
07              // movebtn는 x 프로퍼티를 1초에 500 증가시킨다.
08              TweenMax.to('#movebtn', 1, {x: "500px"} );
09          }
10      </script>
11  </body>
```

실행해봅시다. "이동" 버튼을 클릭하면 버튼의 x좌표가 1초동안 500px의 위치까지 이동하는 것을 확인할 수 있습니다(그림 8-14 ❶❷).

[그림 8-14] TweenMax 테스트

이번에는 TweenMax 라이브러리와 Vue.js의 watch 옵션을 사용하여 "숫자가 빠르게 올라가는 애니메이션을 보여주며 값이 증가하는 input 태그"를 만들어 봅시다.

먼저 HTML의 head 태그에서 TweenMax 라이브러리를 읽어들입니다.

[예제 8-9] watchtest3.html

```html
01  <head>
02      <meta charset="UTF-8">
03      <title>Vue.js sample</title>
04      <link rel="stylesheet" href="style.css" >
05      <script src="https://cdn.jsdelivr.net/npm/vue@2.6.10/dist/vue.js">
        </script>
06      <script src="https://cdnjs.cloudflare.com/ajax/libs/gsap/1.19.1/
        TweenMax.min.js"></script>
07  </head>
```

p 태그에서 {{animeNumber}}라는 프로퍼티명을 써서 값을 표시합니다. 이 값이 애니메이션을 변화시킬 것입니다.

input 태그에 v-model.number="myNumber"라고 지정하여 입력된 수식을 myNumber에 넣습니다.

[예제 8-9] watchtest3.html

```html
01  <div id="app">
02      <p>값은 {{ animeNumber }}입니다.</p>
03      <input v-model.number="myNumber" type="number">
04  </div>
```

Vue 인스터스의 data:에 유저가 입력한 수식을 넣는 myNumber 프로퍼티와 애니메이션에 사용될 숫자가 들어갈 tweenedNumber 프로퍼티를 준비합니다.

watch:에서는 myNumber 프로퍼티를 감시하는 메소드를 준비하고 myNumber에 변화기 있을 경우 그 데이터 this.$data의 tweenedNumber를 this.myNumber 값까지 1초에 걸쳐서 변화시킵니다.

computed:에서는 "tweenedNumber가 변하면 소수를 잘라버린 값을 계산" 하는 animeNumber 프로퍼티를 준비합니다. 여기서 function을 만들어서 this.tweenedNumber에 toFix(0)을 추가하고 소수점 이하는 잘라버린 값을 반환하도록 합니다.

```
01  <script>
02    new Vue({
03      el: "#app",
04      data: {
05        myNumber: 0,
06        tweenedNumber: 0
07      },
08      watch: {
09        // myNumber를 감지하여 값이 변할 경우 실행한다.
10        myNumber: function() {
11          // data의 tweenedNumber 프로퍼티를 1초에 myNumber까지 증가시킨다.
12          TweenMax.to(this.$data, 1, {tweenedNumber: this.myNumber})
13        }
14      },
15      computed: {
16        // tweenedNumber 값이 변경되는 변화중 애니메이션을 산출한다.
17        animeNumber: function() {
18          return this.tweenedNumber.toFixed(0);
19        }
20      }
21    })
22  </script>
```

실행해 봅시다. 수식을 입력하면 1초에 걸쳐서 입력한 값까지 증가되는 것을 확인할 수 있습니다 (그림 8-15 ❶❷).

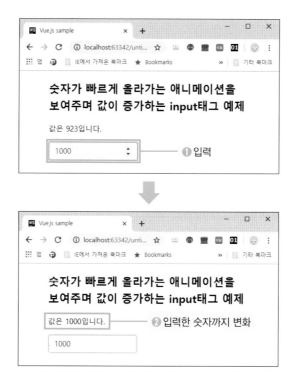

[그림 8-15] 숫자가 빠르게 올라가는 애니매이션을 보여주며 값이 증가하는 input 태그

정리

8장을 복습해 봅시다.

그림으로 보고 이해하는 정리

어떤 데이터의 값을 바꿀 때 자동으로 계산하게 하고 싶다면 computed 옵션을 사용합니다.

Vue 인스턴스의 computed:에 data:의 프로퍼티를 사용한 계산식을 준비해두면 프로퍼티 값의 변화가 있을 경우 자동으로 재계산하게 됩니다. 이때 데이터의 값을 변경 가능하도록 input 태그 등을 준비해두면 유저가 값을 입력할 때 실시간으로 값이 계산되어 표시됩니다(그림 8-16).

HTML

```
<div id="app">
    <input v-model.number="price" type="number">원
    <p>소비세 포함 금액 {{ txtIncluded }} 원</p>
</div>
```

❶ 입력   ❸ 계산

Vue 인스턴스

```
new Vue({
    el:'#app',
    data: {
        price:100
    },
    computed: {
        taxIncluded:function() {
            return this.price * 1.08;
        }
    }
})
```

❷ 표시

[그림 8-16] 그림으로 이해하는 정리 [computed]

어떤 데이터의 값이 바뀔 때 자동으로 메소드를 재실행 시키는 것은 watch 옵션을 사용합니다.

Vue 인스턴스의 watch:에 data:의 프로퍼티를 사용한 메소드를 준비해두며 프로퍼티 값이 변할 때 자동으로 재실행 됩니다.

이때 데이터의 값을 변경 가능하도록 textarea 태그 등을 준비해두면 유저가 입력한 문자열이 실시간으로 체크되도록 할 수 있습니다.

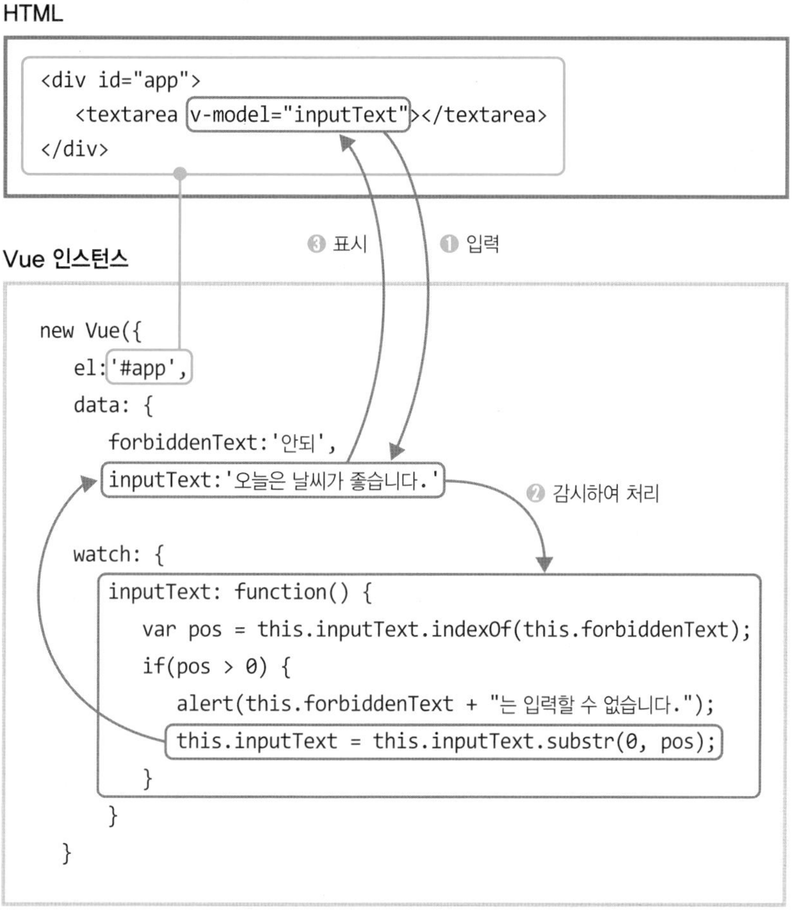

HTML

```
<div id="app">
    <textarea v-model="inputText"></textarea>
</div>
```

❸ 표시   ❶ 입력

Vue 인스턴스

```
new Vue({
    el:'#app',
    data: {
        forbiddenText:'안되',
        inputText:'오늘은 날씨가 좋습니다.'

    watch: {
        inputText: function() {
            var pos = this.inputText.indexOf(this.forbiddenText);
            if(pos > 0) {
                alert(this.forbiddenText + "는 입력할 수 없습니다.");
                this.inputText = this.inputText.substr(0, pos);
            }
        }
    }
}
```

❷ 감시하여 처리

[그림 8-17] 그림으로 보고 이해하는 정리 [watch]

사용법 복습

데이터가 변하면 자동으로 다시 계산

1. HTML에서 표시하고 싶은 곳에 {{프로퍼티명}}으로 작성

```html
<p> {{ taxIncluded }} 원 </p>
```

2. Vue 인스턴스의 computed:에 데이터가 변하면 다시 계산하는 계산식을 준비

```js
computed: {
  taxIncluded: function() {
    retrun this.price * 1.08;
  }
}
```

데이터가 변하면 자동으로 메소드를 다시 실행

1. HTML의 textarea 태그 등에 v-model="메소드명"으로 작성

```html
<textarea v-model="inputText"></textarea>
```

2. Vue 인스턴스의 data:에 프로퍼티를 준비하고 watch:에 프로퍼티가 변화하면 다시 실행할 메소드를 준비

```js
data: {
  inputText:''
},
watch: {
  inputText: function() {
    // 다시 실행할 메소드
  }
}
```

1. 머스태시 안에 데이터 값 이외에 JavaScript도 넣는 대신 computed 옵션을 사용하는 이유는?

2. 입력 태그에서 입력 및 데이터의 변화를 감지하는 프로퍼티를 무엇이라고 하는가?

3. 다음 중 옳은 설명을 고르시오.

   A. computed 옵션 대신 javascript로 직접 넣는 것이 이해하기 쉽다.

   B. computed 옵션은 반드시 사용 후 페이지를 재실행 해야 값이 계산된다.

   C. watch 옵션은 단독으로 사용할 수 없고 computed와 조합해야 한다.

   D. watch 옵션을 사용하면 실시간으로 유저의 입력 값을 캐치할 수 있다.

4. javascript 내장 함수 중 지정된 시간에 함수가 실행되도록 타이머를 세팅하는 함수와 그 함수를 해제 하는 함수는 무엇인가?

5. 본문의 숫자가 빠르게 올라가는 애니메이션(watchtest3.html)에서 사용한 toFixed 함수를 사용하지 않을 경우 어떻게 출력되는가?

8장에서 배운 것을 바탕으로 아래와 같은 조건을 만족하는 프로그램을 만들어 봅시다.

1. 입력 금지 문자열을 ,(콤마) 기준으로 입력할 수 있다.

2. 제한 시간을 넣고 시작 버튼을 누르면 텍스트를 넣을 수 있다.

3. 제한 시간이 실시간으로 표시된다.

4. 입력중 금지 문자열이 나올 경우 경고를 띄우고 확인 버튼을 누르면 해당 문자열은 삭제되며 시간이 +10초 추가된다.

5. 제한 시간이 완료되면 텍스트 입력창은 비활성화되고 입력 창 아래 입력한 문자의 개수가 표시되며 금지어를 사용한 횟수 * 12 한 벌점을 출력한다.

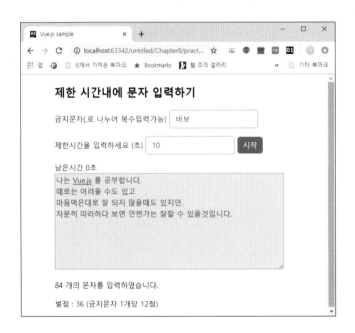

프로그램을 만들기 위해서는 다음과 같은 지식이 필요해요

- 데이터가 변하면 다시 계산해주는 computed: 사용법
- 데이터가 변하는 것을 감시하여 실행하는 watch: 사용법

힌트!
- 간격을 두고 이벤트를 발생하는 함수 : setInterval
- 중지하고 싶을 때 사용하는 함수 : clearInterval

Markdown 에디터 만들기

9장

Markdown 에디터 만들기

이번 장에서는 Markdown 에디터를 만들어봅니다. 간단한 프로젝트이기는 하지만 처음부터
단계적으로 만들어갈 수 있도록 구성했습니다.

#핵심_키워드

#Markdown #에디터

Markdown 에디터란?

Markdown 기법을 이해하는 에디터를 만들어봅시다.

Markdown 기법이란 문장/문서를 가볍게 작성할 수 있는 "문장 작성법" 중 하나입니다. 간단한 기호를 사용해서 표제나 강조 등을 표시하고 이를 HTML로 변경하는 것도 가능합니다. 빠르게 문장을 Markdown 기법으로 만들어두고 그 후에 HTML로 변경하여 인터넷에 올리는 방식으로 사용하는 경우가 많이 있습니다(표 9-1).

[표 9-1] Markdown과 HTML 대응표

항목	Markdown	HTML
표제1	# text	\<h1>text\</h1>
표제2	## text	\<h2>text\</h2>
표제3	### text	\<h3>text\</h3>
표제4	### text	\<h4>text\</h4>
표제5	### text	\<h5>text\</h5>
번호 없는 리스트	- text	\<ul>\<li>text\</li>\</ul>
번호 없는 리스트	* text	\<ul>\<li>text\</li>\</ul>
강조	*text*	\text\
강한 강조	**text**	\text\
취소선	~~aa~~	\<del>text\<del>
수평선	----	\<hr>
링크	[text](url)	\<a href="url">text\</a>

Markdown 기법으로 작성할 때 편리한 에디터가 바로 "Markdown 에디터" 입니다. Markdown 형식으로 문장을 작성해두면 실시간으로 HTML로 어떻게 표시되는지 미리 볼 수 있게 해줍니다.

Vue.js 사이트의 "학습" 메뉴에서 "예제"를 선택해 보시기 바랍니다. 그곳에 Markdown 에디터 샘플이 등록되어 있습니다. 아래는 Markdown 에디터를 어떻게 사용할지를 소개합니다.

Vue.js의 Markdown 에디터 예제
URL https://kr.vuejs.org/v2/examples/

Markdown 에디터의 설계

먼저 어떤 식으로 만들까를 생각해 봅시다.

1. 준비

Vue를 사용하므로 Vue 라이브러리를 읽어 들입니다.

또한 Markdown을 사용하므로 Markdown 라이브러리도 읽어 들입니다. Markdown 라이브러리에는 여러 가지가 있습니다만, 그 중에서 "marked.js"라는 라이브러리를 사용해 봅시다. Markdown 형식으로 작성하고 텍스트를 전달하면 HTML 형식으로 문장을 반환해주는 기능을 갖고 있습니다. 이것도 vue.js와 마찬가지로 CDN으로 설치합니다.

> **서식** markded.js 라이브러리의 CDN 지정 방법

```html
<script src="https://cdnjs.cloudflare.com/ajax/libs/marked/0.4.0/
marked.min.js"></script>
```

2. HTML 태그 준비

"문장을 입력" 하여 "미리보기" 할 예정이므로 화면상의 구성으로써 "입력란"과 "표시란"이 필요할 것입니다. "textarea 태그(입력용)"과 "div 태그(미리보기용)"을 준비합시다.

3. Vue 인스턴스 작성

먼저 Vue 인스턴스를 만듭니다. 입력한 문장을 데이터로 다룹니다. 그러기 위해 data:에 input 프로퍼티를 준비하고 여기에 입력한 문장을 넣습니다.

입력한 문장은 그대로 표시하지 않고 HTML로 변경하여 표시하므로 산출 프로퍼티를 사용합니다. computed:에 convertMarkdown이라는 프로퍼티를 준비합니다. 여기에 function을 하나 만들어서 this.input을 HTML로 변경한 문자열을 반환하도록 합니다.

4. 연결 방법 결정

"textarea 태그(입력용)"에 텍스트가 입력되면 input에 들어가도록 해야 하므로 v-model로 연결합니다.

"div 태그(미리보기용)"에는 convertMarkdown을 표시하는데 HTML로 해석해서 표시할 필요가 있으므로 v-html로 연결합니다.

02 Markdown 에디터 작성

Markdown 에디터를 만들어 봅시다.

그러면 실제로 "Markdown 에디터"를 만들어 봅시다.

[함께 해봐요] Markdown 에디터 예제 : markdown.html

---

1. 준비

우선 HTML의 바깥쪽부터 만들어 봅시다.

head 태그에 Vue.js 라이브러리(vue.js)와 marked.js 라이브러리(marked.min.js)를 읽어 들입니다.

```html
<html>
  <head>
    <meta charset="UTF-8">
    <title>Vue.js sample</title>
    <link rel="stylesheet" href="style.css" >
    <script src="https://cdn.jsdelivr.net/npm/vue@2.6.10/dist/vue.js"></script>
    <script src="https://cdnjs.cloudflare.com/ajax/libs/marked/0.4.0/
marked.min.js"></script>
  </head>

  <body>
  </body>
</html>
```

2. HTML 태그 준비

body 태그에 Vue 인스턴스와 연결할 div 태그를 만듭니다. id="app"이라고 지정합니다. textarea 태그와 div 태그는 우선 임시로 태그만 만들어 둡니다.

```html
<div id="app">
    <textarea></textarea>
    <div"></div>
</div>
```

3. Vue 인스턴스의 작성

Vue 인스턴스를 만듭니다. el:에 '#app'를 지정합니다.

data:에 input 프로퍼티를 준비하고 값을 공백으로 초기화합니다.

computed:에 convertMarkdown 프로퍼티를 준비합니다. 여기에 function을 만들어 this.input의 값을 Markdown 형식으로 변환하여 반환하도록 합니다.

```js
<script>
  new Vue({
    el: '#app',
    data: {
      input: ''
    },
    computed: {
      // input이 변하면 convertMarkdown 실행
      convertMarkdown:function() {
        return marked(this.input);
      }
    }
  });
</script>
```

4. 연결법 결정

Vue 인스턴스와 브라우저와의 연결법을 결정합니다.

textarea 태그의 텍스트가 input에 들어가도록 하고 싶으므로 v-model="input"을 추가하여 연결합니다.

div 태그에는 convertMarkdown의 값을 HTML로 표시하고 싶으므로 v-html="convertMarkdown"을 추가하여 연결합니다.

```html
<div id="app">
    <textarea v-model="input" ></textarea>
    <div v-html="convertMarkdown"></div>
</div>
```

자, 이제 완성했습니다.

실행해 봅시다. Markdown으로 텍스트를 입력하면 HTML로 변경되어 프리뷰에 표시됩니다.

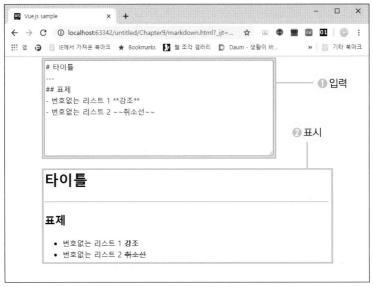

[그림 9-1] Markdown 에디터로 텍스트를 입력

최종적으로 어떤 HTML이 되었는지 여기서 한번 더 확인해 봅시다([예제 9-1]).

[예제 9-1] markdown.html

```
01  <!DOCTYPE html>
02  <html>
03    <head>
04      <meta charset="UTF-8">
05      <title>Vue.js sample</title>
06      <link rel="stylesheet" href="style.css" >
07      <script src="https://cdn.jsdelivr.net/npm/vue@2.6.10/dist/vue.js">
    </script>
08      <script src="https://cdnjs.cloudflare.com/ajax/libs/marked/0.4.0/
    marked.min.js"></script>
09    </head>
10
```

```
11    <body>
12      <div id="app">
13        <textarea v-model="input" ></textarea>
14        <div v-html="convertMarkdown"></div>
15      </div>
16
17      <script>
18        new Vue({
19          el: '#app',
20          data: {
21            input: ''
22          },
23          computed: {
24            // input 이 변하면 convertMarkdown 실행
25            convertMarkdown:function() {
26              return marked(this.input);
27            }
28          }
29        });
30      </script>
31
32    </body>
33  </html>
```

아주 간단한 프로젝트이기는 하지만, Vue.js를 어떤 식으로 활용할 수 있을지 배울 수 있었기를 기대합니다.

03 정리

9장을 복습해 봅시다

그림으로 보고 이해하는 정리

Markdown 에디터는 "유저가 입력한 Markdown 기법의 문자열" 을 "HTML로 변경해서 표시" 할 수 있는 에디터입니다.

먼저 유저가 Markdown 기법으로 입력한 부분을 textarea 태그에 준비합니다. textarea 태그에서 입력된 문자열은 v-model을 사용하여 데이터로 취급합니다.

Vue 인스턴스의 computed:에서 유저가 입력한 문자열을 HTML로 변경하여 반환하도록 해둡니다.

그 결과를 v-html로 표시하면 실시간으로 미리보기가 가능한 Markdown 에디터가 됩니다(그림 9-2).

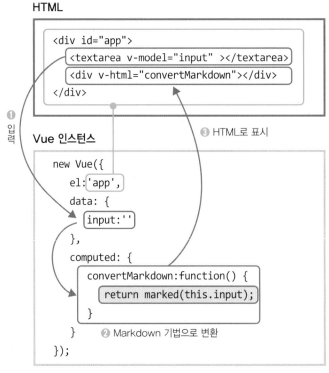

[그림 9-2] 그림으로 보고 이해하는 정리

작성법 복습

Markdown으로 표시

1. marked.js 라이브러리를 CDN에서 설치합니다.

```html
<script src="https://cdnjs.cloudflare.com/ajax/libs/marked/0.4.0/
marked.min.js"></script>
```

2. Markdown 기법의 문자열을 HTML로 변경하고 싶을 때는 marked(문자열);을 사용. 여기서는 문자열이 들어간 this.input을 넣습니다

```js
marked(this.input)
```

10장

애니메이션

Vue.js로 애니메이션 효과를 어떻게 나타낼 수 있는지 배워봅니다.

#핵심_키워드

#애니메이션 #transition
#transition-group

01 표시/비표시 때의 애니메이션 효과 : transition

애니메이션 효과를 넣어서 컨텐츠를 동적으로 만들어 봅시다.

"어떤 화면에서 다른 화면으로 변경될 때"를 트랜지션이라 하고 변경될 때 애니메이션 효과를 넣는 것을 트랜지션 애니메이션이라고 합니다. "transition 태그"를 사용하면 HTML 태그가 나타나거나 지워질 때 애니메이션 효과를 낼 수 있습니다.

> 표시/비표시 때에 애니매이션 효과를 낼때는 transition

애니메이션 효과를 내고 싶을 때 필요한 것은 아래 두가지입니다.

1. 나타날(혹은 사라질) HTML 태그를 transition 태그로 감싼다.
2. 어떻게 변화할지를 CSS로 준비한다.

1. 나타날(혹은 사라질) HTML 태그를 transition 태그로 감싸기

먼저 v-if를 사용해서 나타날(혹은 사라질) HTML 대그를 준비하고 그 대그를 transition 대그로 감쌉니다. 구체적으로는 표시/비표시가 변경되는 태그나 수가 증감하는 리스트 등입니다. 그러면 이 태그로 감싼 태그가 브라우저에서 나타나거나 사라질 때 애니메이션 효과를 갖게 됩니다.

서식 단일 태그의 트랜지션

`HTML`

```
<transition>
  <div v-if="isOK">표시/비표시의 변경</div>
</transition>
```

2. 어떻게 변화할지를 CSS로 준비

그러나 그 상태로는 애니메이션 효과가 발생하지 않습니다. "어떤 변화를 할까"를 CSS로 준비할 필요가 있습니다.

CSS 스타일에서 "어떤 타이밍에 어떤 변화를 할지"를 지정합니다.

CSS 스타일

태그가 나타날 때

- .v-enter : 나타나기 전의 상태
- .v-enter-action : 나타나고 있는 상태
- .v-enter-to : 나타난 상태

태그가 사라질 때

- .v-leave : 사라지기 전의 상태
- .v-leave-active : 사라지고 있는 상태
- .v-leave-to : 사라진 상태

태그가 이동할 때

- .v-move : 태그가 이동할 때

예를 들어 "태그가 나타날 때 1초에 페이드인" 하는 애니메이션이라면 먼저 "나타나기 전의 상태"를 투명하게 해둡니다. "나타나기 전의 상태(.v-enter)는 투명(opacity:0)"으로 지정합니다. 그리고 페이드인에는 1초가 걸리므로 "나타나고 있는 상태(.v-enter-active)에 걸리는 시간을 1초(trandistion:1s)로 지정합니다.

```css
.v-enter {
  opacity: 0;
}
.v-enter-active {
  transition: 1s;
}
```

메모

나타난 상태

나타난 상태(.v-enter-to)는 기본 상태이므로 설정하지 않습니다.

체크박스로 표시/비표시를 할 때 트랜지션 애니메이션 효과를 내 봅시다.

체크박스에 v-model:"isOK"로 지정하면 ON/OFF가 isOK에 들어갑니다. 이를 이용해서 p 태그에 v-if="isOK"로 지정하면 체크박스가 ON일 때만 표시됩니다. 여기서 표시/비표시를 하는 p 태그를 transition 태그로 감싸면 애니메이션 효과를 줄 수 있습니다.

[예제 10-1] transtest1.html

```html
01  <div id="app">
02      <label><input type="checkbox" v-model="isOK">변경</label>
03      <transition>
04          <p v-if="isOK">표시/비표시의 애니메이션~</p>
05      </transition>
06  </div>
```

Vue 인스턴스의 data:에 isOK를 준비하고 값으로 false를 넣습니다.

[예제 10-1] transtest1.html

```js
01  <script>
02      new Vue({
03          el: '#app',
04          data: {
05              isOK: false
06          }
07      })
08  </script>
```

마지막으로 CSS를 설정합니다. "나타날 때와 사라질 때에는 0.5초가 걸리게 약간 밑에서부터 올라오면서 페이드인(페이드아웃)" 하는 애니메이션을 설정합니다.

"나타나고 사라지는 데 걸리는 시간은 각각 0.5초"이므로 v-enter-active, .v-leave-active에 transition:0.5s;라고 지정합니다.

"나타나기 전의 상태와 지워진 상태는 투명도 0으로 아래로 20픽셀 이동한 상태"로 하려고 하므로 .v-enter, v-leave-to에 opacity:0 ; transform:translate(20px);라고 지정합니다.

"나타난 후와 사라지기 전의 상태는 기본 상태" 이므로 아무것도 지정하지 않습니다.

[예제 10-1] transtest1.html

```css
01  <style>
02    /* 나타나고 있을 때와 사라질 때는 0.5초 */
03    .v-enter-active, .v-leave-active {
04      transition: 0.5s;
05    }
06    /* 나타나기 전의 상태와 사라진 상태는 투명도가 0, 밑으로 20 이동 */
07    .v-enter, .v-leave-to {
08      opacity: 0;
09      transform: translateY(20px)
10    }
11  </style>
```

실행해 봅시다. 체크박스를 ON으로 하면 글씨가 아래쪽부터 페이드인 효과와 함께 위로 올라오고 OFF 하면 아래쪽으로 페이드 아웃 효과와 함께 이동하면서 사라지는 것을 확인할 수 있습니다(그림 10-1, 그림 10-2).

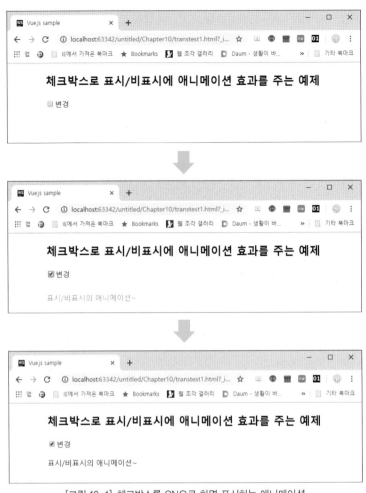

[그림 10-1] 체크박스를 ON으로 하면 표시하는 애니메이션

[그림 10-2] 체크박스를 OFF로 하면 비표시 하는 애니메이션

02 리스트의 트랜지션
: transition-group

리스트의 트랜지션을 만들어 봅시다.

리스트의 수가 증감하거나 위치가 이동할 때 애니메이션 효과를 줄 수 있습니다. 리스트의 경우는 transition-group 태그로 감쌉니다.

이때 Vue가 태그의 어디를 증가시키는지(삭제하는지), 어디로 이동하는지 등을 추적할 수 있도록 각각 다른 값을 v-bind:key="다른값"으로 지정할 필요가 있습니다.

> **서식**　리스트의 트랜지션

`HTML`

```html
<transition-group>
<li v-for="item in dataArray" v-bind:key="item"> {{item}}</li>
</transition-group>
```

[함께 해봐요] 버튼을 누르면 리스트가 증감할 때 애니메이션 효과를 주는 예제 : transtest2.html

배열로 리스트를 표시해두고 "추가" 버튼과 "삭제" 버튼을 만들어 리스트를 증감시킬 때 애니메이션 효과를 넣어 봅시다.

dataArray의 데이터를 v-for="item in dataArray" v-bind:key="item"으로 지정해서 리스트를 표시합니다. "추가" 버튼, "맨뒤 1개 삭제" 버튼을 준비하고 각각 addList 메소드, removeLast 메소드를 호출하도록 준비합시다.

```html
01  <div id="app">
02      <transition-group>
03          <li v-for="item in dataArray" v-bind:key="item"> {{item}}</li>
04      </transition-group>
05      <label><input v-model="addItem" placeholder="추가할 리스트"></label>
06      <button v-on:click="addList">추가</button><p>
07      <button v-on:click="removeLast">맨뒤 1개 삭제</button>
08  </div>
```

Vue 인스턴스의 data:에 원본이 되는 배열 dataArray와 추가할 아이템 addItem을 준비해 둡니다.

methods:에 맨 뒤에 데이터를 추가하는 addList 메소드와 맨 뒤에 하나를 삭제하는 removeLast 메
소드를 준비합니다.

[예제 10-2] transtest2.html

```js
01  <script>
02      new Vue({
03          el: '#app',
04          data: {
05              dataArray:['벚꽃','산수유','진달래','철쭉'],
06              addItem: ''
07          },
08          methods: {
09              addList: function() {
10                  this.dataArray.push(this.addItem);
11                  this.addItem = '';
12              },
13              removeLast: function() {
14                  var lastIdx = this.dataArray.length - 1;
15                  this.dataArray.splice(lastIdx, 1);
16              }
17          }
18      })
19  </script>
```

다음으로 CSS를 수정해 봅시다.

"나타날 때와 사라질 때에 0.5초가 걸리게 하고 약간 오른쪽에서부터 이동해오면서 페이드인(페이드아웃)" 하는 애니메이션을 설정합니다.

"나타나고 사라지는 데 걸리는 시간은 각각 0.5초"이므로 .v-enter-active, .v-leave-active에 transition:0.5s;를 지정합니다.

"나타나기 전의 상태와 사라진 후의 상태는 투명도 0으로, 오른쪽으로 50픽셀 이동하도록" 할 것이기 때문에 v-enter, v-leave-to에 opcity:0; transform:translateX(50px);로 지정합니다.

"나타난 후와, 사라지기 전의 상태는 기본 상태"이므로 아무것도 하지 않습니다.

[예제 10-2] transtest2.html

```css
01  <style>
02      /* 나타나고 있을 때와 사라지고 있을 때 0.5초 */
03      .v-enter-active, .v-leave-active {
04          transition: 0.5s;
05      }
06      /* 나타나기 전의 상태와 사라진 후의 상태는 투명도 0, 오른쪽으로 50 이동 */
07      .v-enter, .v-leave-to {
08          opacity: 0;
09          transform: translateX(50px)
10      }
11  </style>
```

실행해 봅시다. "추가" 버튼을 클릭하면 오른쪽에서 나타나는 페이드인 효과를 보이며 아이템이 추가되어 리스트가 증가합니다. "맨뒤 1개 삭제" 버튼을 클릭하면 오른쪽으로 사라지는 페이드아웃 효과를 보이며 리스트에서 항목이 삭제되는 것을 확인할 수 있습니다(그림 10-3 ❶~❹, 그림 10-4 ❶~❸).

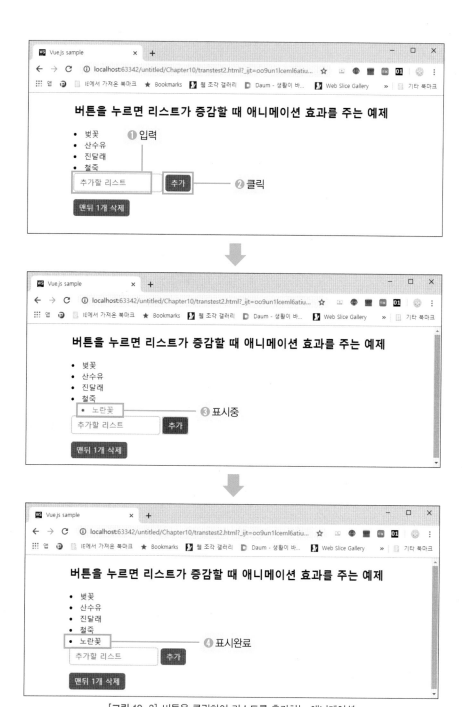

[그림 10-3] 버튼을 클릭하여 리스트를 추가하는 애니메이션

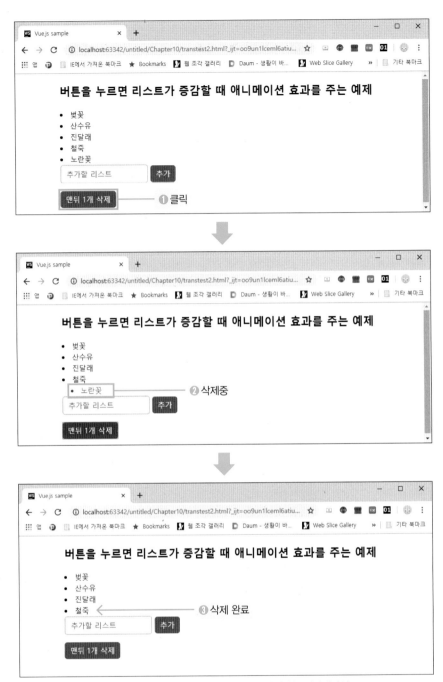

[그림 10-4] 버튼을 클릭하여 리스트를 삭제하는 애니메이션

03 리스트가 정렬되며 이동하는 트랜지션

리스트를 셔플해서 순서를 변경해 봅시다.
애니매이션 효과도 함께 넣어 봅시다.

이번에는 리스트의 정렬 순서를 변경하고 이동시킬 때 애니메이션 효과를 넣어 봅시다.

리스트의 정렬이 변경되는 것에는 순서대로 나열하는 "소트"라든지 순서를 무작위로 하는 "셔플"을 사용하는 방법이 있습니다. 소트는 6장에서 설명했듯이 sort 메소드를 사용하면 됩니다. 셔플은 JavaScrtipt로 만들 수 있습니다.

[함께 해봐요] 클릭하면 셔플하는 예제 : shuffleTest.html

먼저 임시 배열(빈 배열)을 준비하고 원본 배열 데이터에서 랜덤으로 하나씩 뽑아내어 임시 배열에 추가합니다. 이것을 원본 배열이 모두 없어질 때까지 반복하면 임시 배열에는 셔플된 배열이 들어가게 됩니다. 마지막으로 임시 배열을 원본 배열로 넣으면 원본 배열이 셔플된 상태가 됩니다.

메모

Fisher-Yates 알고리즘

위에서 사용한 알고리즘을 "Fisher-Yates 알고리즘"이라고 합니다. 가볍고 효과가 좋은 "데이터를 불규칙하게 나열하는 알고리즘"입니다. 일반적인 방법으로 알고리즘 해설서 등에도 자주 나옵니다.

[예제 10-2] shuffleTest.html

```html
01  <body>
02      <h2>클릭하면 셔플하는 예제 </h2>
03      <button onclick="shuffleData()">셔플</button>
04
05      <script>
06          // 원본 데이터 배열
07          var dataArray = ['one','two','three','four','five'];
08          function shuffleData() {
```

```
09          // 먼저, 임시로 저장할 배열 공간을 준비
10          var buffer = [];
11          // 원본 배열의 개수
12          var len = this.dataArray.length;
13          // 원래 배열을 감소해가면서 반복, i는 그 시점에서의 개수
14          for (var i=len; len>0; len--) {
15              // r은 랜덤수를 뽑아 개수를 곱한 후 소수점을 제거한 값
16              var r = Math.floor(Math.random() * len);
17              // 원본 배열에서 랜덤으로 하나씩 뽑아서 임시 배열에 추가
18              buffer.push(this.dataArray[r]);
19              // 원본 배열에서 랜덤으로 하나씩 삭제
20              this.dataArray.splice(r, 1);
21          }
22          // 임시 배열을 원본 배열에 입력
23          this.dataArray = buffer;
24          // 셔플 내용 확인
25          alert(dataArray)
26      }
27    </script>
28  </body>
```

실행해 봅시다. 클릭할 때마다 셔플된 배열이 시스템 팝업으로 표시됨을 확인할 수 있습니다(그림 10-5 ❶❷, 그림 10-6 ❶❷).

[그림 10-5] 클릭하면 셔플

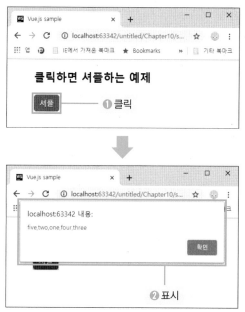

[그림 10-6] 팝업을 닫고 다시 클릭하면 다시 셔플

[함께 해봐요] 리스트의 순서가 이동하면서 변하는 애니메이션 예제 : transtest3.html

소트나 셔플을 사용하여 리스트의 순서를 변경할 때 리스트 항목이 이동하는 애니메이션 효과를 넣어 봅시다.

배열 dataArray의 데이터를 v-for="item in dataArray" v-bind:key="item"이라고 지정하여 리스트를 표시합니다. "소트" 버튼, "셔플" 버튼을 준비하고 각각 sortData 메소드, shuffleData 메소드를 호출하도록 합니다.

[예제 10-3] transtest3.html

```html
01  <div id="app">
02    <transition-group>
03      <li v-for="item in dataArray" v-bind:key="item"> {{item}}</li>
04    </transition-group>
05    <button v-on:click="sortData">소트</button>
06    <button v-on:click="shuffleData">셔플</button>
07  </div>
```

Vue 인스턴스의 data:에 원본 배열 dataArray를 준비해 둡니다. methods:에는 소트하는 sortData 메소드와 셔플하는 shuffleData 메소드를 준비합니다.

[예제 10-3] transtest3.html

```js
01  <script>
02    new Vue({
03      el: "#app",
04      data: {
05        dataArray:['one','two','three','four','five']
06      },
07      methods: {
08        sortData: function() {
09          this.dataArray.sort(function(a,b) {
10            if (a < b) return -1;
11            if (a > b) return 1;
12            return 0;
13          });
14        },
15        shuffleData: function() {
16          var buffer = [];
17          var len = this.dataArray.length;
18          for (var i=len; len>0; len--) {
19            var r = Math.floor(Math.random() * len);
20            buffer.push(this.dataArray[r]);
21            this.dataArray.splice(r, 1);
22          }
23          this.dataArray = buffer;
24        },
25      }
26    })
27  </script>
```

CSS의 부분도 수정합니다. 리스트 태그의 순서가 바뀌어 이동하므로 그 경우에 이동 트랜지션 (.v-move)를 사용합니다. 걸리는 시간은 0.5초로 .v-move에 transition:0.5s;로 지정합니다.

[예제 10-3] transtest3.html

```css
01  <style>
02      /* 이동 트랜지션에 걸리는 초  */
03      .v-move {
04          transition: 5s;
05      }
06  </style>
```

실행해 봅시다. "소트" 버튼이나 "셔플" 버튼을 클릭하면 리스트 항목이 이동하면서 순서도 변경되는 것을 확인할 수 있습니다(그림 10-7, 그림 10-8 ❶~❸, 그림 10-9 ❶~❸).

[그림 10-7] 리스트의 순서가 이동하면서 바뀌는 애니메이션(초기 화면)

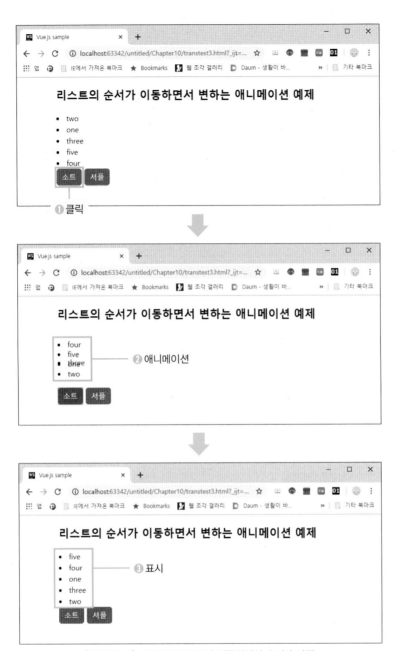

[그림 10-8] 소트하면 리스트가 이동하면서 순서가 바뀜

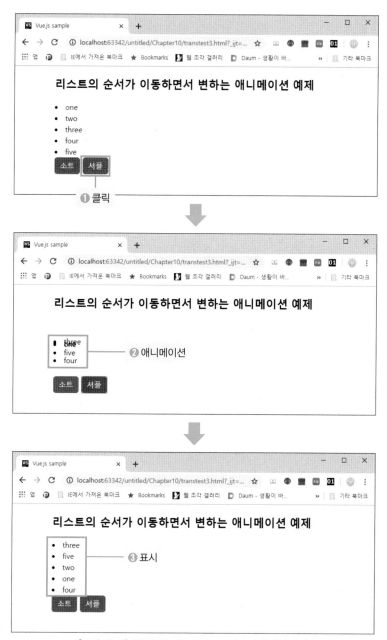

[그림 10-9] 셔플하면 리스트가 이동하면서 순서가 바뀜

04 정리

10장을 복습해 봅시다.

그림으로 보고 이해하는 정리

태그의 표시/비표시가 변경될 때에 애니메이션 효과를 넣을 때는 transition 태그로 감싸고 어떤 애니메이션 효과를 넣을지를 CSS로 지정합니다.

CSS에서는 .v-enter(나타나기 전), .v-enter-action(나타나는 중) 등의 어떤 상태를 나타내고 있는지 지정합니다.

예를 들어서 "투명하게 시작해서 0.5초만에 나타나는 애니메이션 효과"라면 .v-enter(나타나기 전)은 opacity:0으로 투명하게 두고, .v-enter-active(나타나고 있는 중)에 걸리는 시간을 transition:0.5s를 지정합니다.

이 때 프로퍼티의 값을 변경 가능한 체크 박스를 준비해두면 유저의 조작으로 표시/비표시를 실시간으로 변경하는 애니메이션 효과를 넣을 수 있습니다(그림 10-10).

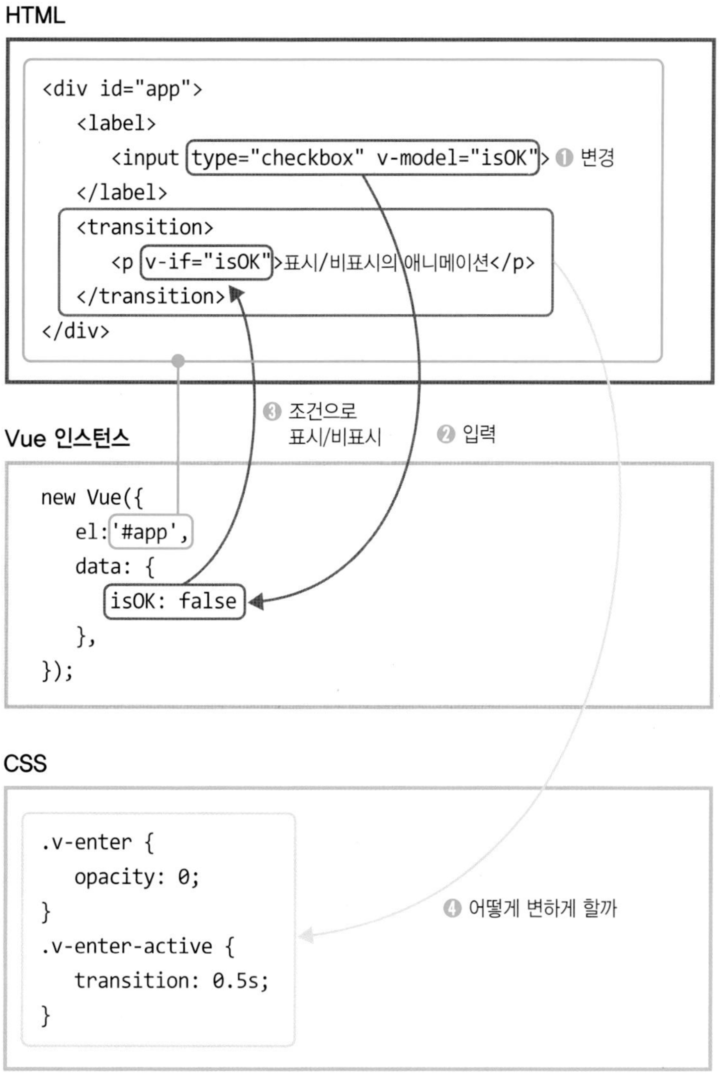

HTML

```
<div id="app">
   <label>
      <input type="checkbox" v-model="isOK">  ❶ 변경
   </label>
   <transition>
      <p v-if="isOK">표시/비표시의 애니메이션</p>
   </transition>
</div>
```

❸ 조건으로
표시/비표시   ❷ 입력

Vue 인스턴스

```
new Vue({
   el:'#app',
   data: {
      isOK: false
   },
});
```

CSS

```
.v-enter {
   opacity: 0;
}
.v-enter-active {
   transition: 0.5s;
}
```

❹ 어떻게 변하게 할까

[그림 10-10] 그림으로 보고 이해하는 정리

작성법 복습

1초 페이드인으로 문자를 표시할 때

1. HTML의 v-if로 표시/비표시를 변경하는 div 태그를 transition 태그로 감쌈

```HTML
<transition>
  <div v-if="isOK">표시/비표시 변경</div>
</transition>
```

2. 1초 페이드인을 CSS로 지정

```CSS
.v-enter {
   opacity: 0;
}
.v-enter-active {
   transition: 1s;
}
```

3. v-if로 표시/비표시를 변경하는 처리를 작성

0.5초 페이드인으로 리스트의 항목을 증감시킬 때

1. HTML에서 증감하는 li 태그를 transition-group 태그로 감쌈

```HTML
<transition-group>
  <li v-for="item in dataArray" v-bind:key="item"> {{item}}</li>
</transition-group>
```

2. 0.5초 페이드인을 CSS로 지정

```CSS
.v-enter, .v-leave-to {
   opacity: 0;
}
.v-enter-active, .v-leave-active {
   transition: 0.5s;
}
```

3. 리스트의 항목을 증감시키는 처리를 작성

리스트의 순서가 변경될 때 0.5초동안 이동하는 애니메이션 효과를 낼 때

1. HTML의 리스트 순서가 변하는 li 태그를 transition-group 태그로 감쌈

```html
<transition-group>
  <li v-for="item in dataArray" v-bind:key="item"> {{item}}</li>
</transition-group>
```

2. 이동에 걸리는 시간을 0.5초로 CSS에서 지정

```css
.v-move {
    transition: 0.5s;
}
```

3. 리스트의 순서를 변경하는 처리를 작성

정답은 백견불여일타 카페에서 제공됩니다.

1. transition 태그에 대한 설명으로 틀린 내용을 고르시오.

   A. transition 태그를 사용하면 HTML 태그가 나타나거나 지워질 때 애니메이션 효과를 낼 수 있다.

   B. 표시/비표시 애니메이션 효과를 넣기 위해 해당 태그를 감싸기만 하면 된다.

   C. 태그의 변화를 애니메이션으로 보이기 위해서는 CSS를 구현할 필요가 있다.

   D. CSS에서는 어떤 타이밍에 효과를 낼지를 지정한다.

2. 다음 transition에 사용하는 CSS 속성 중 태그가 나타나고 있는 상태를 나타내는 것은?

   A. .v-enter

   B. .v-leave

   C. .v-move

   D. .v-enter-action

3. transition-group에서 v-bind:key="키값"을 각각 다르게 할당해야 하는 이유는?

4. 임의로 배열안의 값을 섞는 방법으로 "원본 배열에서 임의로 값을 하나씩 꺼내어 다른 배열에 차례로 추가" 하는 방식을 무엇이라고 하는가?

6장에서 작성한 연습문제를 바탕으로 수정하여 에니메이션 효과를 넣어봅시다.

1. 변경시 + 100 하고 리스트에 값이 있으면 +1 씩 더 추가할 것

2. 삭제 버튼시 오른쪽으로 페이드 아웃 추가

3. 추가시 마지막 숫자 + 1 한 숫자를 맨 아래 페이드인 효과로 추가

4. 소트시 move에 2초 추가

5. 구구단 보이기 페이드인 추가

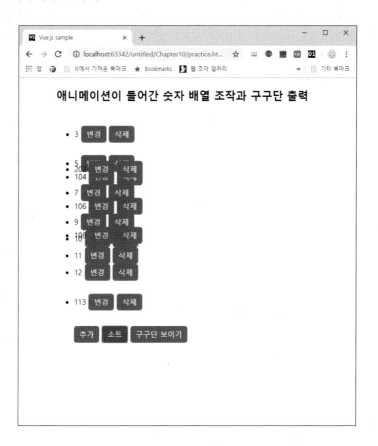

프로그램을 만들기 위해서는 다음과 같은 지식이 필요해요

- ⟨transition−group⟩과 ⟨transition⟩ 사용법
- 데이터를 소트하고 배열 데이터에 추가 삭제 수정하는 방법

힌트!
스크립트의 메소드는 아래와 같은 구조로 만듭니다.

```
methods: {
sortData: function () {
    },
    addNumber: function() {
    },
    modifyNumber: function(index) {
    },
    deleteNumber: function(index) {
    },
    showGuGu: function() {
    }
}
```

11장

ToDo 리스트 만들기

이번 장에서는 해야 할 목록, ToDo 리스트를 만들어봅니다. Vue.js 사이트에도 소개되어 있는 예제입니다. 어떻게 설계하고 만들어나가는지 배워보도록 합니다.

#핵심_키워드

#ToDo_리스트

01 ToDo 리스트란?

ToDo 리스트를 Vue.js로 만들어 봅시다.

ToDo 리스트 샘플

ToDo 리스트는 "할일(ToDo)"을 리스트업한 어플리케이션입니다. "할일"을 추가하고 끝난 일에는 표시를 붙이거나 리스트 항목을 삭제하고 리스트를 보면 "지금 할 일이 무엇인가"를 바로 알 수 있습니다.

Vue.js의 사이트에 "배우기" 메뉴에서 "예제"를 선택해 봅시다. 그곳에 ToDo 리스트 샘플이 있습니다. 아래는 ToDo 리스트를 어떻게 만들지를 소개하고 있습니다.

Vue.js의 ToDo 리스트 (TodoMVC) 샘플
`URL` **https://kr.vuejs.org/v2/examples/todomvc.html**

ToDo 리스트는 아래의 기능으로 이루어져 있습니다.

1. "체크박스 + 할일"을 나열하여 표시하는 기능
2. 체크하면 취소선을 긋는 기능
3. "할일"을 추가하는 기능
4. 취소선이 그어진 항목을 삭제하는 기능
5. ToDo의 총 건수나 처리완료 건수를 표시하는 기능

ToDo 리스트의 작성 순서

위에 나열한 기능들을 하나씩 만들어 봅시다. 먼저 추가/삭제 기능을 제외하고 1번, 2번, 5번의 기능이 들어간 "임시 데이터를 표시하는 ToDo 리스트"를 만들어 봅시다.

ToDo 리스트의 설계

먼저 어떻게 만들 것인가를 생각해봅시다.

1. 준비

Vue.js를 사용하므로 Vue 라이브러리를 읽어 들입니다. ToDo 리스트는 Vue.js만으로 만들 수 있습니다

2. HTML 태그 준비

"ToDo의 1행"을 복수로 나열하면 ToDo 리스트 형태를 만들 수 있습니다. 거기에 "체크박스"와 "문자열"을 label 태그로 1행에 모아 놓은 것을 "ToDo의 1행"으로서 준비해 봅시다.

그리고 "처리완료건수/ToDo 총건수"도 준비합니다. 취소선의 스타일도 CSS로 준비해 둡니다.

3. Vue 인스턴스의 작성

1행의 데이터는 "done (체크박스의 상태)"와 "text (할일의 문자열)"을 하나의 오브젝트로 묶어 놓은 것입니다. 이 오브젝트를 배열로 한 것이 ToDo 리스트의 데이터입니다.

data:에 todos 프로퍼티를 준비하고 여기에 ToDo 오브젝트(체크박스의 상태와 문자열을 넣은 오브젝트)의 배열을 넣습니다. 임시 데이터를 넣어 둡시다.

ToDo의 총건수는 todo 배열의 개수이므로 todos.length로 알 수 있지만 처리완료 건수(체크된 항목의 수)는 계산하지 않으면 알 수 없습니다. 여기에 계산 프로퍼티를 사용합니다.

computed:에 remaining이라는 프로퍼티를 만들고 this.todos에 변화가 있으면 체크 완료된 항목 수를 반환하도록 만듭니다.

4. 연결하는 법 결정

ToDo의 배열 데이터를 v-for로 반복 표시하도록 연결합니다.

1행과 오브젝트를 연결합니다. 체크박스는 done, "할일"의 문자열은 text로 연결합니다. 그리고 done이 true일 때 취소선의 스타일이 설정될 수 있도록 합니다.

02 임시 데이터로 ToDo 리스트 표시하기

임시 데이터를 사용하여 "할일 리스트"를 표시하는
ToDo 리스트를 만들어 봅시다.

이제 실제로 "임시 데이터로 표시하는 ToDo 리스트"를 만들어 봅시다.

[함께 해봐요] **임시 데이터로 표시하는 ToDo 리스트 : todolist1.html**

1. 준비

먼저 HTML의 외곽부터 만들어 봅시다.

head 태그에 Vue.js 라이브러리(vue.js)를 읽어 들입니다.

[예제 10-1] todolist1.html   HTML

```
01  <!DOCTYPE html>
02  <html>
03    <head>
04      <meta charset="UTF-8">
05      <title>Vue.js sample</title>
06      <link rel="stylesheet" href="style.css" >
07      <script src="https://cdn.jsdelivr.net/npm/vue@2.6.10/dist/vue.js">
    </script>
08    </head>
09
10    <body>
11    </body>
12  </html>
```

2. HTML 태그 준비

body 태그에 Vue 인스턴스와 연결될 div 태그를 만듭니다. id="app"으로 지정합니다.

ToDo 리스트는 ToDo 항목을 반복 표시 하므로 그 범위를 div 태그로 감싸 둡니다.

반복하는 내용인 "할일"은 체크박스와 span 태그를 label 태그로 묶어 1행으로 표시하고 처리완료 건수와 "할일"의 총건수를 표시합니다.

마지막으로 취소선의 스타일 .donestyle을 정의합니다.

[예제 10-1] todolist1.html

```html
01  <body>
02      <h2>ToDo리스트</h2>
03      <div id="app">
04          <div v-for="todo in todos">
05              <label>
06                  <input type="checkbox" v-model="todo.done">
07                  <span v-bind:class="{donestyle:todo.done}">{{todo.text}}</span>
08              </label>
09          </div>
10          <p>{{ remaining }} / {{ todos.length }}건 처리</p>
11      </div>
12
13  <style>
14      .donestyle {
15          text-decoration: line-through;
16          color: lightgray;
17      }
18  </style>
19  </body>
```

3. Vue 인스턴스의 작성

Vue 인스턴스를 만듭니다. el:에 '#app'으로 지정합니다.

data:에 todos 프로퍼티를 만들고 임시 데이터를 넣습니다.

computed:에는 remaining 프로퍼티를 준비합니다. todos 배열에서 filter 메소드로 done 값이 true인 것만 뽑아내어 그 개수를 반환합니다.

```js
01  <script>
02    new Vue({
03      el: '#app',
04      data: {
05        todos: [
06          {done:false, text:'빵사기'},
07          {done:false, text:'커피사기'}
08        ]
09      },
10      computed: {
11        remaining: function() {
12          return this.todos.filter(function(val) {
13            return val.done;
14          }).length;
15        }
16      }
17    })
18
19  </script>
```

4. 연결법 결정

"할일"을 반복하여 표시하는 구조로 만듭니다. 2단계에서 준비한 HTML의 div 태그에 v-for="todo in todos"를 추가하고 todos 배열에서 하나씩 오브젝트를 뽑아내기를 반복합니다.

체크박스는 v-model="todo.done"으로 done에 연결합니다.

"할일"의 문자열에는 {{todo.text}}를 사용하여 표시합니다.

취소선 스타일을 붙일지 말지는 todo.done을 사용하여 지정하므로 v-bind:class="{donestyle: todo.done}"으로 지정합니다. 처리완료 건수와 "할일"의 총건수는 {{remaining}}/{{todos.length}}를 사용하여 표시합니다.

```html
01  <div id="app">
02    <div v-for="todo in todos">
03      <label>
04        <input type="checkbox" v-model="todo.done">
05        <span v-bind:class="{donestyle:todo.done}">{{todo.text}}</span>
06      </label>
07    </div>
08    <p>{{ remaining }} / {{ todos.length }}건 처리</p>
09  </div>
```

실행해 봅시다. 리스트를 체크하면 취소선이 생기고 처리완료 건수가 증가하는 것을 확인할 수 있습니다.

[그림 11-1] 임시 데이터로 표시하는 ToDo 리스트

개선 : 추가 & 삭제 기능

"할일"의 추가 & 삭제 기능을 만들어 봅시다.

개선하는 방법

표시 기능을 완성하였으므로 리스트에 "할일"(ToDo)의 추가와 삭제 기능을 만들어 봅시다.

아래 두 가지를 추가합니다.

- "할일"을 입력하고 "Enter" 키를 누르면 ToDo 리스트에 추가하는 기능
- 처리완료의 ToDo 를 삭제하는 "처리완료삭제" 버튼

작업은 아래와 같이 생각할 수 있습니다.

1. HTML 태그를 추가

"할일"을 입력하고 "Enter" 키로 ToDo 리스트에 추가하는 기능은 input 태그를 사용합니다. 그리고 클릭하면 처리완료 항목을 삭제하는 "처리완료삭제" 버튼을 추가합니다.

2. Vue 인스턴스를 수정

"할일"의 문자열을 입력하는 addtext 프로퍼티를 준비합니다. 그리고 ToDo 리스트에 추가하는 addToDo 메소드와 처리완료항목을 삭제하는 cleanToDo 메소드를 준비합니다.

3. 연결법 결정

input 태그와 addtext 프로퍼티를 연결합니다. input 태그에 "Enter" 키가 눌리면 addToDo를 실행하도록 연결합니다.

항목을 삭제하는 버튼("처리완료삭제" 버튼이라는 라벨의 버튼)을 클릭하면 cleanToDo를 실행하도록 연결합니다.

그러면 "할일"의 추가와 삭제가 가능한 "ToDo리스트"를 만들어 봅시다.

1. HTML 태그를 추가

"할일"을 입력하는 버튼은 input 태그로 "처리완료삭제" 버튼을 button 태그로 추가합니다. 처리완료 건수와 ToDo의 총건수는 {{remaining}} / {{totos.length}}로 지정합니다.

[예제 10-2] todolist2.html

```html
01  <div id="app">
02    <div v-for="todo in todos">
03      <label>
04        <input type="checkbox" v-model="todo.done">
05        <span v-bind:class="{donestyle:todo.done}">{{todo.text}}</span>
06      </label>
07    </div>
08
09    <input type="text" v-model.trim="addtext" v-on:keyup.enter="addToDo"
    placeholder="할일">
10    <p><button v-on:click="cleanToDo">처리완료삭제</button></p>
11    <p>{{ remaining }} / {{ todos.length }}건 처리
12  </div>
```

2. Vue 인스턴스를 수정

data:에 addtext 프로퍼티를 추가합니다.

methods:에 addToDo 메소드를 준비합니다. done의 값을 false로 하고 text에 this.addtext를 설정한 오브젝트를 this.todos 배열에 추가합니다. 추가하면 input 태그를 공백으로 만들기 위해 this.addtext를 공백으로 합니다.

그리고 cleanToDo 메소드를 준비합니다. this.todos의 done이 false만 남을 수 있도록 필터를 붙여서 this.todos에 넣습니다.

[예제 10-2] todolist2.html

```js
01  <script>
02    new Vue({
03      el: '#app',
04      data: {
05        addtext:'',
```

```
06          todos: [
07              {done:false, text:'빵사기'},
08              {done:false, text:'커피사기'}
09          ]
10      },
11      computed: {
12          remaining: function() {
13              return this.todos.filter(function(val) {
14                  return val.done == true;
15              }).length;
16          }
17      },
18      methods: {
19          addToDo: function() {
20              if (this.addtext) {
21                  this.todos.push({done:false, text:this.addtext});
22                  this.addtext = '';
23              }
24          },
25          cleanToDo: function() {
26              this.todos = this.todos.filter(function(val) {
27                  return val.done == false;
28              })
29          }
30      }
31  })
32  </script>
```

3. 연결법 결정

input 태그에서 addtext 앞뒤의 의미없는 공백을 제거(트림)하며 입력 가능하도록 v-model.
trim="addtext"로 지정하고 "Enter" 키를 눌렀을 때에 addToDo를 실행하도록 v-on:keyup.
enter="addToDo"로 지정합니다.

"처리완료삭제" 버튼에는 클릭하면 cleanToDo를 실행할 수 있도록 v-on:click="cleanToDo"를 지
정합니다.

HTML

```
01  <input type="text" v-model.trim="addtext" v-on:keyup.enter="addToDo"
    placeholder="할일">
02  <p><button v-on:click="cleanToDo">처리완료삭제</button></p>
```

완성입니다!

실행해봅시다. "할일"을 입력하고 "Enter" 키를 누르면 ToDo 항목이 추가되고(그림 11-2 ❶❷) "처리완료삭제" 버튼을 클릭하면 처리완료된 항목이 삭제되는 것을 확인할 수 있습니다.

[그림 11-2] 할일 추가 & 삭제 기능을 추가한 ToDo 리스트

마지막으로 어떤 식으로 HTML이 완성되었는지 한번에 확인해 봅시다.

[예제 10-2] todolist2.html

HTML

```
01  <!DOCTYPE html>
02  <html>
03    <head>
04      <meta charset="UTF-8">
05      <title>Vue.js sample</title>
06      <link rel="stylesheet" href="style.css" >
07      <script src="https://cdn.jsdelivr.net/npm/vue@2.6.10/dist/vue.js">
    </script>
08    </head>
09
```

```
10    <body>
11        <h2>ToDo리스트</h2>
12        <div id="app">
13            <div v-for="todo in todos">
14                <label>
15                    <input type="checkbox" v-model="todo.done">
16                    <span v-bind:class="{donestyle:todo.done}">{{todo.text}}</span>
17                </label>
18            </div>
19
20            <input type="text" v-model.trim="addtext" v-on:keyup.enter="addToDo"
    placeholder="할일">
21            <p><button v-on:click="cleanToDo">처리완료삭제</button></p>
22            <p>{{ remaining }} / {{ todos.length }}건 처리
23        </div>
24
25        <script>
26            new Vue({
27                el: '#app',
28                data: {
29                    addtext:'',
30                    todos: [
31                        {done:false, text:'빵사기'},
32                        {done:false, text:'커피사기'}
33                    ]
34                },
35                computed: {
36                    remaining: function() {
37                        return this.todos.filter(function(val) {
38                            return val.done == true;
39                        }).length;
40                    }
41                },
42                methods: {
43                    addToDo: function() {
44                        if (this.addtext) {
45                            this.todos.push({done:false, text:this.addtext});
46                            this.addtext = '';
47                        }
48                    },
49                    cleanToDo: function() {
50                        this.todos = this.todos.filter(function(val) {
```

```
51                    return val.done == false;
52                })
53            }
54        }
55    })
56    </script>
57
58    <style>
59        .donestyle {
60            text-decoration: line-through;
61            color: lightgray;
62        }
63    </style>
64    </body>
65 </html>
```

04 정리

11장을 복습해 봅시다.

그림으로 보고 이해하는 정리

Todo 리스트에서는 각행의 맨 앞에 "체크박스"가 붙어있고 그 뒤에 "할일의 문자열"이 붙습니다. 체크박스를 체크하면 그 행은 삭제할 수 있게 됩니다.

이러한 ToDo 리스트를 만들 때는 먼저 데이터를 준비하는 것부터 시작합니다. ToDo 리스트의 각 행의 데이터는 "완료되었는지(done)"와 "할일 문자열(text)"로 구성된 오브젝트 데이터로 만듭니다. 이러한 복수의 데이터를 배열로 만들어 준비합니다.

데이터가 만들어졌다면 표시합니다. 배열 데이터의 각행을 표시할 것이므로 v-for로 반복 표시를 구현합니다. 각행의 맨앞에는 done과 결합한 체크박스를 붙이고 그 뒤에 text를 표시합니다. 각행에는 취소선을 표시하는 스타일을 붙여두고 done이 true일 때만(체크가 된 경우) 스타일을 유효하게 합니다.

이것으로 체크박스에 체크를 하면 취소선이 표시되는 ToDo 리스트가 됩니다(그림 11-3).

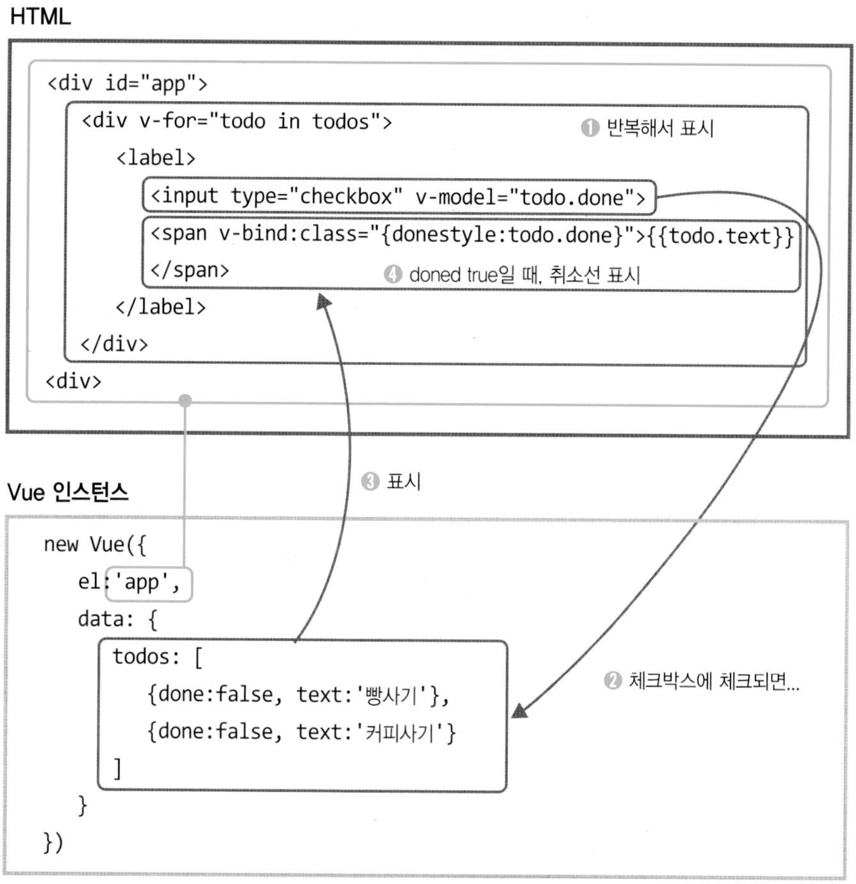

HTML

```
<div id="app">
    <div v-for="todo in todos">                    ❶ 반복해서 표시
        <label>
            <input type="checkbox" v-model="todo.done">
            <span v-bind:class="{donestyle:todo.done}">{{todo.text}}
            </span>                    ❹ doned true일 때, 취소선 표시
        </label>
    </div>
<div>
```

Vue 인스턴스

❸ 표시

```
new Vue({
    el:'app',
    data: {
        todos: [
            {done:false, text:'빵사기'},
            {done:false, text:'커피사기'}
        ]
    }
})
```

❷ 체크박스에 체크되면...

[그림 11-3] 그림으로 보고 이해하는 정리

Todo List를 좀더 확장해 봅시다.

1. 리스트에 완료기한을 입력할 수 있게 추가, 완료기한 미입력시 기본 현재 날짜 + 1일로 자동 입력

2. 현재일 기준에서 완료기한을 지난 할 일은 1일 단위로 연장 기능 추가

3. 할일/완료기한으로 정렬 기능 추가

4. Todo의 총건수에 완료기한 내 미완료 개수 추가

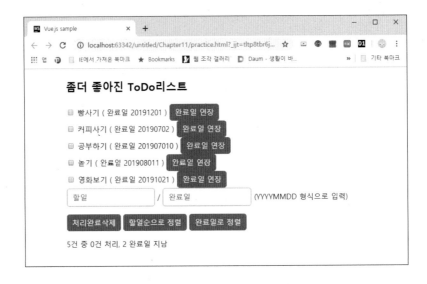

프로그램을 만들기 위해서는 다음과 같은 지식이 필요해요

- 체크박스와 텍스트를 반복적으로 표시할 수 있는 HTML 작성 방법
- Vue 인스턴스에 메소드를 만들어 추가하는 방법

힌트!

Vue 인스턴스 구조

```
new Vue({
        el: '#app',
        data: {
        },
        computed: {
            remaining: function() {
            },
            overdate: function() {
            }
        },
        methods: {
            addToDo: function() {
            },
            cleanToDo: function() {
            },
            extendDate: function(index) {
            },
            sortData: function (type) {
            },
        }
})
```

12장

컴포넌트로 정리하기

컴포넌트는 무언가를 만드는 부품을 의미합니다. 미리 부품을 만들어 등록해놓고 이를 활용하는 방법을 Vue.js에서는 컴포넌트라 부릅니다.

#핵심_키워드

#컴포넌트

부품으로 정리한다 : 컴포넌트

같은 종류의 처리를 컴포넌트로 만들어 봅시다.

간단히 만들 수 있는 SPA도 규모가 커지면 복잡해지기 마련입니다. 그때는 "같은 종류의 처리를 하는 부분을 컴포넌트로 정리" 하면 보기 좋고 이해하기 쉬워집니다.

부품으로 정리할 때는 component

HTML의 일부분을 오브젝트로 정리하는 것에는 template 오브젝트를 사용합니다. 그리고 그 오브젝트에 이름(컴포넌트 태그명)을 붙인 것을 "컴포넌트"라고 합니다.

HTML에서 이 "컴포넌트명의 태그"를 쓰면 그 부분에 준비된 컴포넌트가 표시됩니다.

```html
<my-component></my-component> ← 준비된 컴포넌트가 표시된다.
```

컴포넌트를 만드는 방법은 "1. 글로벌로 등록하는 방법"과 "2. 로컬에 등록하는 방법" 두 종류가 있습니다. 글로벌이란 뜻은 전체 영역(전역)을 의미합니다. 프로그래밍에서 전역 변수를 이야기할 때 그 '전역'이라는 단어와 의미가 같습니다.

1. 글로벌에 등록하는 방법

Vue.component를 사용해서 컴포넌트를 만들면 글로벌에 등록되어 그 이후에 작성되는 Vue 인스턴스에서도 사용 가능합니다.

그러나 많은 경우 글로벌에 등록은 이상적이라고 할 수 없습니다. 글로벌에 등록한 모든 컴포넌트는 사용하지 않게 되어도 계속 남아있기 때문입니다.

`HTML`

```html
Vue.component('컴포턴트태그명', {
  template: 'HTML부분'
})
```

2. 로컬에 등록하는 방법

Vue 인스턴스 안에 등록하는 로컬 등록 방법을 사용해 봅시다.

이 방법에서는 컴포넌트의 오브젝트를 만들어 두고 Vue 인스턴스의 "components 오브젝트"에 "컴포넌트태그명:컴포넌트의오브젝트명"을 지정하여 이 Vue 인스턴스 안에서 사용하도록 등록합니다.

메모

본서에서 사용하는 컴포넌트 등록

본서에서는 로컬 등록 방법을 사용하였습니다.

서식　**컴포넌트를 로컬에 등록**

`JS`

```js
var 컴포넌트의오브젝트명 = {
  template: 'HTML부분'
}
new Vue({
  el: '#app'
  components: {
    '컴포넌트태그명': 컴포넌트의오브젝트명
  }
})
```

[함께 해봐요] **컴포넌트를 만들어 표시하는 예제 : comptest1.html**

먼저 간단하게 "Hello"라고 표시하는 컴포넌트를 만들어 봅시다.

컴포넌트 태그명을 my-component로 하고 3회 표시해 봅시다.

```html
01  <div id="app">
02      <my-component></my-component>
03      <my-component></my-component>
04      <my-component></my-component>
05  </div>
```

먼저 Vue 인스턴스를 만들기 전에 컴포넌트의 오브섹트를 만듭니다.

template:에 표시하고 싶은 HTML 태그를 준비합시다. "Hello" 만 단순히 표시하므로 p 태그에 "Hello"라는 문자열만 넣어서 만듭니다. '<p class="my-comp">Hello</p>'로 모서리가 둥근 사각형을 표시하는 스타일도 붙여 보았습니다.

다음은 Vue 인스턴스를 만듭니다.

Vue 인스턴스의 components:에는 컴포넌트태그명:컴포넌트의오브젝트명으로 지정합니다. my-component 라는 태그명에 MyComponent 오브젝트를 설정합니다.

이것으로 HTML에서 <my-component></my-component>라고 쓰면, 작성해놓은 컴포넌트가 표시됩니다.

[예제 12-1] comptest1.html

```js
01  <script>
02      var MyComponent = {
03          template: '<p class="my-comp">Hello</p>'
04      }
05      new Vue({
06          el: '#app',
07          components: {
08              'my-component': MyComponent
09          }
10      })
11  </script>
```

주의

컴포넌트 네이밍법

컴포넌트 이름을 붙이는 것에는 주의가 필요합니다. 컴포넌트의 오브젝트명은 JavaScript의 클래스명에 해당되므로 "MyComponent"의 파스칼 케이스로 쓰고 컴포넌트의 태그명은 HTML 에서 사용할 이름이므로 "my-component"의 케밥 케이스로 씁니다.

마지막으로 컴포넌트를 장식할 스타일을 준비합니다. 모서리가 둥근 사각형을 오랜지색 윤곽을 붙이고 배경에도 옅은 노란색을 넣었습니다.

[예제 12-1] comptest1.html

```css
01  <style>
02    .my-comp {
03      width: 300px;
04      background-color: #ffffe0;
05      border: solid;
06      border-color: darkorange;
07      border-radius: 8px;
08      padding: 8px;
09    }
10  </style>
```

실행해 봅시다. 사각형으로 둘러쌓인 "Hello"가 세번 표시되는 것을 확인할 수 있습니다(그림 12-1).

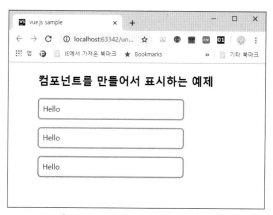

[그림 12-1] 컴포넌트를 만들어 표시

02 컴포넌트의 data를 function으로 만들기

컴포넌트에 사용하는 데이터를 function으로 만들어 봅시다.

컴포넌트 오브젝트에 template:를 준비하는 것만으로는 아무런 움직임도 없으므로 이번에는 컴포넌트 오브젝트에 data:나 methods:를 추가하여 어떤 기능을 하도록 만들어 봅시다.

다만 컴포넌트 오브젝트의 data:에는 약간 사용법이 달라져서 function으로 만들 필요가 있습니다.

서식　**컴포넌트의 data**

`JS`

```js
data : function() {
  return {
    프로퍼티명 : 값
  }
}
```

[함께 해봐요] 각각 다른 카운팅을 하는 컴포넌트 예제 : comptest2.html

세개의 카운터가 있어서 "추가" 버튼을 클릭하면 각각 값이 증가하는 컴포넌트를 만들어 봅시다.

comptest1.html과 같은 방식으로 컴포넌트 태그를 my-component로 하고 세개의 "카운터"를 표시해 봅시다.

[예제 12-2] comptest2.html

`HTML`

```html
01  <div id="app">
02      <my-component></my-component>
03      <my-component></my-component>
04      <my-component></my-component>
05  </div>
```

다음으로 컴포넌트의 오브젝트를 만듭니다.

컴포넌트의 template:에 "추가" 버튼과 카운터 결과의 표시를 HTML 태그로 준비합니다. '<p class="my-comp">카운터<button v-on:click ="addOne">추가</button> {{ count }}</p>'로 지정합니다.

컴포넌트의 data:에는 수를 셀 수 있는 "카운트" 프로퍼티를 준비하고 0으로 초기화해 둡니다.

컴포넌트의 methods:에는 count에 1을 더하는 addOne 메소드를 준비합니다.

다음으로 Vue 인스턴스를 만듭니다. Vue 인스턴스의 components:에 'my-component':MyComponent 를 설정합니다.

[예제 12-2] comptest2.html

```js
01  <script>
02    var MyComponent = {
03      template: '<p class="my-comp">카운터  <button v-on:click="addOne">추가
    </button> {{ count }}</p>',
04      data: function () {
05        return {
06          count: 0
07        }
08      },
09      methods: {
10        addOne: function() {
11          this.count++;
12        }
13      },
14    }
15    new Vue({
16      el: '#app',
17      components: {
18        'my-component': MyComponent
19      }
20    })
21  </script>
```

마지막으로 컴포넌트를 장식하는 스타일을 준비합니다. 여기 사용된 CSS는 "comptest1.html"과 동일합니다.

[예제 12-2] comptest2.html

```css
01  <style>
02      .my-comp {
03          width: 300px;
04          background-color: #ffffe0;
05          border: solid;
06          border-color: darkorange;
07          border-radius: 8px;
08          padding: 8px;
09      }
10  </style>
```

실행해 봅시다. "추가" 버튼을 클릭하면 각각 다른 카운터의 숫자가 올라가는 것을 확인할 수 있습니다(그림 12-2 ❶❷). 각각 다른 컴포넌트로써 동작하는 것입니다.

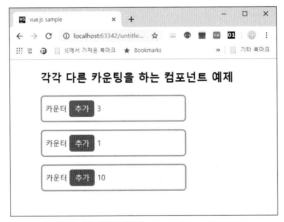

[그림 12-2] 각각 다른 카운터를 만드는 컴포넌트

03 값 전달 : props

컴포넌트에 값을 전달해 봅시다.

컴포넌트에는 HTML의 태그에서 값을 받아 전달하는 것이 가능합니다. 이를 "props 옵션"이라고 부릅니다. 한번 사용해 봅시다.

서식 props 옵션 만들기

```js
props: function() {
    프로퍼티명 : 데이터형
}
```

props 옵션에서도 이름 붙이는 것에 주의가 필요합니다. props 옵션의 내용 중 프로퍼티명은 JavaScript 안의 이름이므로 "myName"과 같이 카멜케이스로 쓰고, HTML 태그 안에서 사용하는 경우는 "my-name"과 같이 케밥케이스로 씁니다.

예 카멜 케이스

```js
props: {
  myName: String
}
```

예 케밥 케이스

```html
<my-component my-name="철수"><my-component>
```

props 옵션에서 HTML의 태그로부터 값을 전달하는 것이 가능하게 되었습니다만 확실히 전달되었는지 안 되었는지를 체크할 필요가 있습니다.

Vue.js에서는 여러 가지 타이밍에서 함수를 실행할 수 있는 라이프사이클 구조가 있는데 그 중 하나가 created:입니다. 이는 "인스턴스가 만들어진 직후"의 타이밍에 실행하는 것이 가능합니다.

created:를 사용하면 값이 전달되었는지를 체크할 수 있습니다.

인스턴스가 작성된 직후에 실행하는 처리

```js
created: function() {
    // 인스턴스가 작성된 직후에 실행하는 처리
}
```

컬럼

Vue.js의 라이프 사이클

Vue.js의 라이프 사이클은 여러 가지 타이밍을 갖고 있습니다. 현시점에서 이해할 필요는 없지만, 이런 타이밍이 있다는 정도는 기억하고 있으면 좋겠습니다(그림12-3).

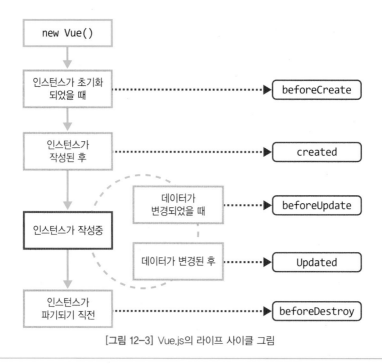

[그림 12-3] Vue.js의 라이프 사이클 그림

[함께 해봐요] **컴포넌트에 값을 전달하는 예제 : comptest3.html**

컴포넌트의 태그명을 my-component로 하고 세개의 표시를 해봅시다. 각각 컴포넌트에 값을 전달하는 my-name의 값을 다르게 합니다. 첫번째는 "철수" 두번째는 "영희"를 전달하고 세번째는 아무것도 전달하지 않도록 설정합니다.

```html
01  <div id="app">
02      <my-component my-name="철수"></my-component>
03      <my-component my-name="영희"></my-component>
04      <my-component></my-component>
05  </div>
```

먼저 컴포넌트의 오브젝트를 만듭니다.

컴포넌트의 template:에 myName을 표시하는 HTML 태그를 준비합니다. <p class="my-comp">
나는 {{ myName }} 입니다.</p>를 지정합니다.

props:에는 이름을 넣을 "myName"을 준비합니다. 문자열형입니다.

created:에서는 체크용 메소드를 준비합니다. 혹시 HTML 태그로 myName에 값이 설정되지 않
으면 "이름없음"으로 설정합니다.

다음으로 Vue 인스턴스를 만듭니다. Vue 인스턴스의 components:에는 'my-component':
MyComponent라고 설정합니다.

[예제 12-3] comptest3.html

```js
01  <script>
02    var MyComponent = {
03      template: '<p class="my-comp">나는 {{ myName }} 입니다.</p>',
04      props: {
05        myName: String
06      },
07      created: function () {   // 인스턴스가 작성된 후에 실행된다.
08        if (this.myName == null) {
09          this.myName = "이름없음";
10        }
11      }
12    }
13
14    new Vue({
15      el: '#app',
16      components: {
17        'my-component': MyComponent
18      }
19    })
20  </script>
```

마지막으로 컴포넌트를 장식할 스타일을 준비합니다. CSS 역시 "comptest1.html"과 동일합니다.

[예제 12-3] comptest3.html

```css
01  <style>
02      .my-comp {
03          width: 300px;
04          background-color: #ffffe0;
05          border: solid;
06          border-color: darkorange;
07          border-radius: 8px;
08          padding: 8px;
09      }
10  </style>
```

실행해봅시다. 첫번째에 "철수", 두번째에 "영희"를 세번째를 아무것도 설정되지 않은 경우이므로 "이름없음"이 표시됨을 확인할 수 있습니다(그림 12-4).

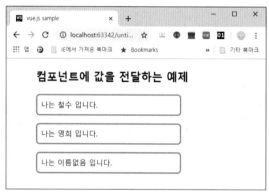

[그림 12-4] 컴포넌트에 값을 전달

v-for로 컴포넌트를 반복하기

여기서 좀더 공부해 봅시다.

여기까지는 HTML 컴포넌트의 태그명을 세개 나열했습니다만, 그 부분을 Vue의 배열 데이터를 사용해서 나열하도록 수정해 봅시다.

272

컴포넌트를 일일이 작성하지 않고 배열 데이터로 만들어서 표시해 봅시다.

HTML의 my-component 태그에 v-for를 사용해서 myArray의 배열 데이터가 존재하는 만큼 반복표시 하도록 해봅시다. 그리고 각 데이터의 이름을 my-name=을 통해 컴포넌트에 전달해 봅시다.

[예제 12-4] comptest4.html

```html
01  <div id="app">
02      <my-component v-for="(item, index) in myArray" v-bind:my-name="item" >
    </my-component>
03  </div>
```

이어서 컴포넌트의 오브젝트를 만듭니다. 이 부분은 "comtest3.html"과 동일합니다.

다음으로 Vue 인스턴스를 만듭니다. 여기서부터가 지금까지와 다릅니다.

Vue 인스턴스의 data:에는 컴포넌트에 전달하는 이름의 배열 myArray를 준비합니다. 이 배열의 개수만큼 컴포넌트를 나열하여 표시하게 됩니다.

components:에는 'my-component':MyComponent로 설정합니다.

[예제 12-4] comptest4.html

```js
01  <script>
02      var MyComponent = {
03          template: '<p class="my-comp">나는 {{ myName }} 입니다.</p>',
04          props: {
05              myName: String
06          },
07          created: function () {   // 인스턴스가 작성된후 실행
08              if (this.myName == null) {
09                  this.myName = "이름없음";
10              }
11          }
12      }
13
14      new Vue({
15          el: '#app',
16          data: {
17              myArray:['철수','영희','광수','병수','이슬']
18          },
```

```
19        components: {
20            'my-component': MyComponent
21        }
22    })
23 </script>
```

마지막으로 컴포넌트를 장식할 스타일을 준비합니다. 여기서 사용하는 CSS도 "comptest1.html"
과 동일합니다.

[예제 12-4] comptest4.html

```css
01 <style>
02    .my-comp {
03        width: 300px;
04        background-color: #ffffe0;
05        border: solid;
06        border-color: darkorange;
07        border-radius: 8px;
08        padding: 8px;
09    }
10 </style>
```

실행해 봅시다. myArray에 준비한 배열 데이터의 개수만큼 컴포넌트가 표시되는 것을 확인할 수
있습니다(그림 12-5).

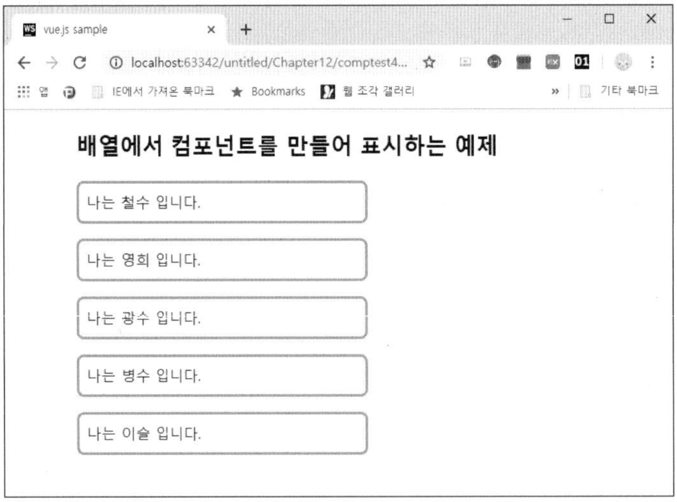

[그림 12-5] 배열에서 컴포넌트를 만들어 표시

04 정리

12장을 복습해 봅시다.

그림으로 보고 이해하는 정리

몇번이고 사용하는 부분은 컴포넌트 오브젝트로 만들어 둡니다.

이것을 Vue 인스턴스의 components에서 설정하면 여기서 지정한 태그를 사용해서 컴포넌트를 표시할 수 있습니다(그림 12-6).

HTML

```
<div id="app">
    <my-component></my-component>
</div>
```

❷ 표시

Vue 인스턴스

```
var MyComponent = {
    template:'<p class="my-comp">Hello</p>'
}                          ❶ 이 컴포넌트를 사용
new Vue({
    el:'#app',
    components: {
        'my-component':MyComponent
    }
})
```

[그림 12-6] 그림으로 보고 이해하는 정리

작성법 복습

컴포넌트를 작성해서 표시할 때

1. 직접 만든 컴포넌트의 태그명 사용

```html
<my-component></my-component>
```

2. Vue 인스턴스로 사용하는 컴포넌트 오브젝트 작성

```js
var Mycomponent = {
  template: '<p class="my-comp">Hello</p>'
}
```

3. Vue 인스턴스로 compnents:에 프로퍼티를 준비하고 컴포넌트 오브젝트 입력

```js
components: {
  'my-component': MyCompnent
}
```

데이터를 사용하는 컴포넌트를 만들어서 표시할 때

1. 직접 만든 컴포넌트의 태그명 사용

```html
<my-component></my-component>
```

2. 데이터를 사용할 컴포넌트 오브젝트 작성. 이때 data:는 function을 사용해서 작성

```js
var MyComponent = {
  template : '<p class="my-comp">카운터  <button v-on:click="addOn">추가
</button> {{count}}</p>',
  data: function() {
    return {
```

```js
      count:0
    }
},
methods: {
    addOne: function() {
      this.count++;
    }
  },
}
```

3. Vue 인스턴스로 components:에 프로퍼티를 준비하고 컴포넌트 오브젝트 입력

```js
components: {
  'my-component':MyComponent
}
```

1. 다음 중 컴포넌트에 대한 설명 중 틀린 것은?

    a. 컴포넌트를 사용하면 같은 종류의 처리를 정리해서 보기 좋고 이해하기 쉽게 사용할 수 있다.

    b. 컴포넌트 사용법에는 글로벌 등록과 로컬 등록이 있다.

    c. 글로벌에 등록하면 사용하지 않을 경우 자동으로 삭제되어 최적화된다.

    d. 로컬 등록은 vue 인스턴스 안에서 등록하여 사용할 수 있다

2. 다음 괄호 안에 올바른 네이밍 방식을 넣으시오.

    > 컴포넌트 오브젝트명은 Javascript 클래스명에 해당되므로 (   )로 쓰고 태그명은 HTML에서 사용할
    > 이름이므로 (   )로 작성한다.

3. 컴포넌트에서 HTML의 태그에서 값을 받아 전달하는 것을 무엇이라고 하는가?

4. Vue.js의 라이프 사이클에서 인스턴스가 작성된 후를 나타내는 속성은 무엇인가?

컴포넌트를 사용하여 숫자를 1~10까지 출력하며 해당 숫자가 짝수인지 홀수인지를 출력하도록 작성하세요.

- 배열로 받은 숫자 값을 컴포넌트 안에서 홀수/짝수를 계산하도록 computed를 사용할 수 있습니다.

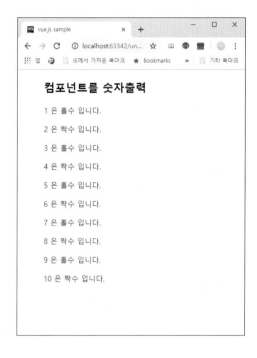

프로그램을 만들기 위해서는 다음과 같은 지식이 필요해요

- 컴포넌트를 만드는 방법
- 컴포넌트를 만들어 표시하기

힌트!

스크립트 구조

```
var MyComponent = {
    template: '<p>{{ result }} </p>',
    props: {
    },
    computed: {
        result: function() {
        }
    }
}

new Vue({
    el: '#app',
    data: {
    },
    components: {
    }
})
```

json 데이터 다루기

이 장에서는 JSON 데이터를 읽어들여 다양하게 활용하는 방법을 보여줍니다. 컴포넌트로 나열하거나 트랜지션 효과를 주는 기능 등을 구현해봅니다.

#핵심_키워드

#JSON_파일_읽어오기

JSON 파일을 읽어들이는 방법

지금까지는 HTML 파일에 직접 써놓은 데이터를 사용했습니다만 외부에서 데이터를 읽어서 표시하는 방법으로 작성해봅시다.

읽어들이는 데이터의 종류는 여러 가지가 있을 수 있지만 널리 사용되고 있는 JSON 데이터를 사용해 보도록 합니다. 배열의 데이터를 외부의 JSON 파일로 준비해두고 그 파일을 읽어들여 컴포넌트를 나열해 봅시다.

아래, 외부 파일을 읽어 들이는 부분부터 확인하도록 하겠습니다. 먼저 JavaScript를 사용하는 방법을 보겠습니다. JavaScript의 FileReader 메소드를 사용하면 로컬 파일을 읽어 들일 수 있습니다. 또한 JSON.parse 메소드를 사용하면 JSON 데이터로 변경이 가능합니다.

[함께 해봐요] JSON을 읽어 들이는 예제(JavaScript) : jsonLoad.html

"파일을 선택" 버튼을 클릭하여 외부 JSON 파일을 읽어들이도록 프로그램을 JavaScript로 만들어 봅시다.

JSON 파일은 아래의 데이터와 같습니다(리스트 13-1). title과 body의 값이 들어있는 오브젝트 배열입니다.

[리스트 13-1] 테스트용 JSON 파일(test.json)

```json
01  [
02      {"title":"A","body":"a"},
03      {"title":"B","body":"b"},
04      {"title":"C","body":"c"}
05  ]
```

HTML이 어떤 식으로 되어 있을지 확인해 봅시다.

input 태그의 type 속성에 file이라고 지정하면 "파일 선택"을 표시할 수 있습니다.

파일을 읽어 들이면 FileReader 오브젝트를 만들어서 파일을 처리하게 됩니다.

FileReader 오브젝트의 onload 이벤트로 읽어들인 후 처리합니다. e.target.result에 읽어 들인 데이터가 들어가 있으므로 JSON.parse 메소드로 JSON 데이터로 변경합니다.

테스트로 읽어 들인 JSON 데이터의 0번 인덱스의 title 데이터, body 데이터를 콘솔에 찍어 봅시다.

[예제 13-1] jsonLoad.html

```html
01  <body>
02    <h2>JSON을 읽어 들이는 예제(JavaScript)</h2>
03    <input type="file" id="loader">
04    <script>
05      var obj1 = document.getElementById("loader");
06      obj1.addEventListener("change", loadFile,false);
07      function loadFile(e) {
08        file = e.target.files[0]
09        if (file) {
10          var reader = new FileReader();
11          reader.onload = function(e){
12            console.log(">>>"+e.target.result);
13            json = JSON.parse(e.target.result);
14            console.log(">>>"+ json[0].title);
15            console.log(">>>"+ json[0].body);
16          }
17          reader.readAsText(file);
18        }
19      }
20    </script>
21  </body>
```

실행해 봅시다. JSON 파일로 읽어 들인 내용이 콘솔에 출력됨을 확인할 수 있습니다(그림 13-1 ❶❷).

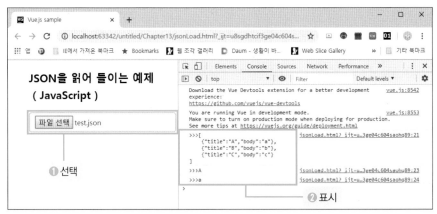

[그림 13-1] JSON을 읽어 들이는 예제(Javascript)

마찬가지로 "파일 선택" 버튼을 클릭하여 외부 JSON 파일을 읽어들이는 프로그램을 Vue.js로 만들어 봅시다.

HTML 부분은 다음과 같습니다.

input 태그의 type="file"로 표시된 "파일 선택" 다이얼로그로 파일이 선택되었을 때 onFileChange 메소드를 실행합니다. 읽어들인 데이터 loadData에 들어갈 예정이므로 머스태시로 그대로 표시할 수 있습니다.

[예제 13-2] jsonLoadVue.html

```html
01  <div id="app">
02    <input type="file" v-on:change="onFileChange">
03    <p>읽어 들인 데이터 ={{ loadData }}</p>
04  </div>
```

Vue 인스턴스의 methods:에 파일을 읽어 들이는 onFileChange 메소드를 준비합니다.

JavaScript로 구현했을 때와 대부분 같습니다만, reader.onload는 this.loadData로 쓰지 않고 this를 다른 변수에 담아서 처리합니다. 여기서는 var vm = this;로 넣어서 vm.loadData로 지정합니다.

```
01  <script>
02    new Vue({
03      el: '#app',
04      data:{
05        loadData:'',
06      },
07      methods: {
08        onFileChange: function(e) {
09          file = e.target.files[0]
10          if (file) {
11            var reader = new FileReader()
12            var vm = this;
13            reader.onload = function(e){
14              json = JSON.parse(e.target.result);
15              vm.loadData = json;
16            }
17            reader.readAsText(file)
18          }
19        }
20      }
21    });
22  </script>
```

실행해 봅시다. 읽어 들인 JSON 파일의 내용이 화면에 표시됨을 확인할 수 있습니다(그림 13-2 ❶❷).

[그림 13-2] JSON을 읽어들이는 예제(Vue.js)

JSON 데이터를 읽어들여 컴포넌트로 나열

배열 데이터를 컴포넌트로 나열해 봅시다.

이제 JSON 데이터를 읽어들이는 것이 가능하므로 이를 이용해 "JSON 데이터를 읽어들여서 컴포넌트로 나열하는 프로그램"을 만들어 봅시다.

프로그램 설계

먼저 어떻게 만들까를 생각해 봅시다. 처음에 "파일 안의 임시 데이터를 컴포넌트로 배열하고 소트나 셔플이 가능한 프로그램"을 만들고 다음으로 "JSON 파일을 읽어 들이는 기능"을 추가해 봅시다.

1. 준비

Vue.js의 라이브러리(vue.js)를 읽어 들입니다.

2. HTML 태그 준비

컴포넌트를 복수로 나열합니다. 또한 "소트" 버튼, "셔플" 버튼을 준비합니다. 컴포넌트 안에는 컴포넌트가 갖고 있는 각각의 이름(object.title)과 해설(object.body)를 표시합니다.

3. Vue 인스턴스 작성

임시데이터로 소트와 셔플을 처리하는 메소드를 준비합니다.

4. 연결법 결정

배열 데이터를 사용하여 리스트를 표시합니다. 오브젝트 데이터를 컴포넌트로 전달받습니다. 소트용 버튼과 메소드를 연결하고 셔플용 버튼과 메소드도 연결합니다.

1. 준비

먼저 HTML 외곽을 만들어 준비합시다.

head 태그에서 Vue.js 라이브러리(vue.js)를 읽어들입니다.

[예제 13-3] jsontest1.html

```html
01  <!DOCTYPE html>
02  <html>
03  <head>
04    <meta charset="UTF-8">
05    <title>Vue.js sample</title>
06    <link rel="stylesheet" href="style.css" >
07    <script src="https://cdn.jsdelivr.net/npm/vue@2.6.10/dist/vue.js">
    </script>
08  </head>
09
10  <body>
11  </body>
12  </html>
```

2. HTML 태그 준비

컴포넌트의 태그명을 my-product로 하고 반복해서 표시할 예정이므로 div 태그로 감쌉니다. "소트" 버튼과 "셔플" 버튼도 준비합니다.

[예제 13-3] jsontest1.html

```html
01  <div id="app">
02    <div>
03      <my-product>
04    </div>
05    <button>소트</button>
06    <button>셔플</button>
07  </div>
```

3. Vue 인스턴스 작성

먼저 컴포넌트 오브젝트를 만듭니다.

HTML에서 오브젝트를 받을 수 있게 props:에 object를 준비합니다. template:에는 데이터 오브젝트의 title과 body를 표시하는 HTML 태그를 준비합니다.

다음으로 Vue 인스턴스를 만듭니다.

data:에는 dataArray에 임시 데이터를 배열로 준비합니다.

components:에는 'my-component':MyComponent로 설정합니다.

methods:에는 소트를 위한 sortData와 셔플을 위한 shuffleData 메소드를 준비합니다.

[예제 13-3] jsontest1.html

```js
01  <script>
02      var MyComponent = {
03          props: ["object"],
04          template:'
05      <div style="width:300px;backgroundColor:#ffddaa;">
06          <p style="backgroundColor:#ffa95e;">{{object.title}}</p>
07          <p>해설 : {{object.body}}</p>
08      </div>'
09      }
10      new Vue({
11          el: '#app',
12          data: {
13              dataArray: [
14                  {title:'AAA',body:'aaa'},
15                  {title:'BBB',body:'bbb'},
16                  {title:'CCC',body:'ccc'}
17              ]
18          },
19          components: {
20              'my-product': MyComponent
21          },
22          methods: {
23              sortData: function() {
24                  this.dataArray.sort(function(a,b) {
25                      return (a.title < b.title ? -1 : 1);
26                      return 0;
```

```
27              });
28          },
29      shuffleData: function() {
30          var buffer = [];
31          var len = this.dataArray.length;
32          for (var i=len; len>0; len--) {
33              var r = Math.floor(Math.random() * len);
34              buffer.push(this.dataArray[r]);
35              this.dataArray.splice(r, 1);
36          }
37          this.dataArray = buffer;
38      }
39    }
40  });
41 </script>
```

4. 연결법 결정

dataArray를 사용하여 리스트를 표시합니다. 추출한 item을 컴포넌트로 전달합니다.

앞서 준비한 HTML 태그에 추가/변경하여 아래와 같이 작성합니다.

소트 버튼에 sortData, 셔플 버튼에 shuffleData를 연결합니다. 각 버튼의 라벨은 "소트"와 "셔플"로 변경합니다.

[예제 13-3] jsontest1.html

```
01 <div id="app">
02    <div v-for="item in dataArray" v-bind:key="item.title">
03      <my-product v-bind:object="item"></my-product>
04    </div>
05    <button v-on:click="sortData">소트</button>
06    <button v-on:click="shuffleData">셔플</button>
07 </div>
```

실행해 봅시다. "소트" 버튼, "셔플" 버튼을 클릭하면 컴포넌트의 배열이 변경되는 것을 확인할 수 있습니다(그림 13-3 ❶❷).

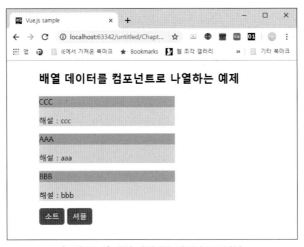

[그림 13-3] 배열 데이터를 컴포넌트로 나열

개선 : 트랜지션 붙이기

외부 JSON 데이터를 읽어들여 트랜지션을 붙여 봅시다.

"JSON 파일을 읽어 들이는 기능" 을 추가해 봅시다. 소트나 셔플에 항목이 이동되는 것이 보이도록 트랜지션 애니메이션 효과를 붙여 봅시다.

프로그램 설계

어떻게 개선할지 생각해 봅시다. 먼저 "파일 안에 임시데이터를 컴포넌트로 나열하고 소트나 셔플이 가능한 프로그램"을 만들고 "JSON 파일을 읽어들이는 기능"을 추가하면 될 것 같습니다.

1. HTML 태그 추가

트랜지션 애니메이션이 실행되도록 합니다. 파일을 읽어들이는 "파일 선택" 버튼을 만듭니다.

2. Vue 인스턴스 수정

파일을 읽어들이는 메소드를 추가합니다.

3. 연결법 결정

파일을 읽어들이는 "파일 선택" 버튼과 읽어들이는 메소드를 연결합니다. 마지막으로 트랜지션 효과를 위해 CSS를 준비합니다.

[함께 해봐요] **JSON 데이터를 읽어들여 트랜지션 효과를 주는 예제 : jsontest2.html**

1. HTML 태그 추가

트랜지션 애니메이션 효과를 주어야 하기 때문에 div 태그를 `<transition-group>`으로 감쌉니다.

input 태그의 type="file"로 "파일 선택" 버튼을 추가합니다.

```html
01  <div id="app">
02    <transition-group>
03      <div v-for="item in dataArray" v-bind:key="item.title">
04        <my-product v-bind:object="item"></my-product>
05      </div>
06    </transition-group>
07    <button v-on:click="sortData">소트</button>
08    <button v-on:click="shuffleData">셔플</button>
09    <p><input type="file" v-on:change="loadData">
10  </div>
```

2. Vue 인스턴스를 수정

loadData 메소드를 추가합니다.

[예제 13-4] jsontest2.html

```js
01  methods: {
02    sortData: function() {
03      생략...
04    },
05    shuffleData: function() {
06      생략...
07    },
08    loadData: function(e) {
09      file = e.target.files[0]
10      if (file) {
11        var reader = new FileReader()
12        var vm = this;
13        reader.onload = function(e){
14          vm.dataArray = JSON.parse(e.target.result);
15        }
16        reader.readAsText(file)
17      }
18    }
19  }
```

3. 연결 결정

파일을 읽어들이는 "파일 선택" 버튼과 읽어들이는 메소드를 연결합니다.

[예제 13-4] jsontest2.html

```html
01  <button v-on:click="sortData">소트</button>
02  <button v-on:click="shuffleData">셔플</button>
03  <p><input type="file" v-on:change="loadData">
```

트랜지션 효과를 줄 CSS를 준비합니다. 항목이 이동되는 데 1초 걸리도록 합니다.

[예제 13-4] jsontest2.html

```js
01  <style>
02  .v-move {
03      transition: transform 1s;
04  }
05  </style>
```

표시하는 데이터도 지금까지와는 다르게 해봅시다. 다음은 프로그램 언어를 해설해주는 텍스트 (JSON 파일)입니다.

테스트용 JSON 파일(program.json)

```json
01  [
02      {"title":"Python 언어","body":"수식계산에 용이한 간단한 프로그램 언어입니다.
        인공지는 연구에서 주목하고 있습니다."},
03      {"title":"C언어","body":"하드웨어나 OS를 다루기 위한 프로그램입니다.
        오래전 부터 사용되는 언어로 많은 프로그램언어의 기본이 되었습니다."},
04      {"title":"Java언어","body":"하드웨어에 의존하지 않는 프로그램 언어입니다."}
05  ]
```

실행해 봅시다. JSON 데이터를 읽어들여 "소트" 버튼, "셔플" 버튼을 클릭하면 컴포넌트의 배열 순서가 바뀌는 것을 확인할 수 있습니다(그림 13-4 ❶~❺).

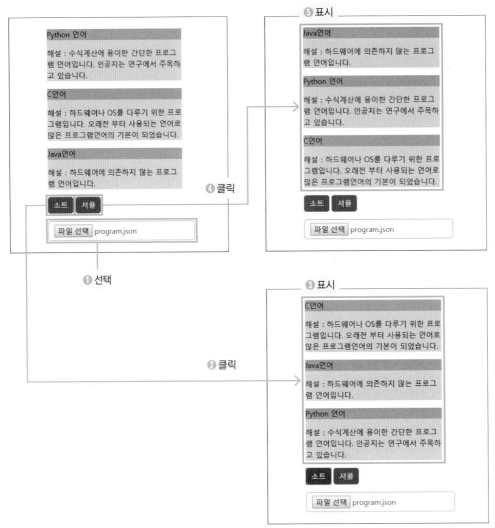

[그림 13-4] JSON 데이터를 읽어들여 트랜지션 효과 붙이기
"소트" 버튼을 클릭하면 컴포넌트가 정렬된다.
"셔플" 버튼을 클릭하면 랜덤으로 순서가 바뀐다.

마지막으로 어떤 HTML이 되었는지 한번 더 확인해 봅시다.

```html
01  <!DOCTYPE html>
02  <html>
03    <head>
04      <meta charset="UTF-8">
05      <title>Vue.js sample</title>
06      <link rel="stylesheet" href="style.css" >
07      <script src="https://cdn.jsdelivr.net/npm/vue@2.6.10/dist/vue.js">
    </script>
08    </head>
09
10    <body>
11      <h2>JSON 데이터를 읽어들여 트랜지션 효과를 주는 예제</h2>
12      <div id="app">
13        <transition-group>
14          <div v-for="item in dataArray" v-bind:key="item.title">
15            <my-product v-bind:object="item"></my-product>
16          </div>
17        </transition-group>
18        <button v-on:click="sortData">소트</button>
19        <button v-on:click="shuffleData">셔플</button>
20        <p><input type="file" v-on:change="loadData">
21      </div>
22
23      <script>
24        var MyComponent = {
25          props: ["object"],
26          template:`
27          <div style="width:300px;backgroundColor:#ffddaa;">
28            <p style="backgroundColor:#ffa95e;">{{object.title}}</p>
29            <p>해설 : {{object.body}}</p>
30          </div>`
31        }
32        new Vue({
33          el: "#app",
34          data: {
```

```
35        dataArray: [
36            {title:'AAA',body:'aaa'},
37            {title:'BBB',body:'bbb'},
38            {title:'CCC',body:'ccc'}
39        ]
40    },
41    components: {
42        'my-product': MyComponent
43    },
44    methods: {
45        sortData: function() {
46            this.dataArray.sort(function(a,b) {
47                return (a.title < b.title ? -1 : 1);
48                return 0;
49            });
50        },
51        shuffleData: function() {
52            var buffer = [];
53            var len = this.dataArray.length;
54            for (var i=len; len>0; len--) {
55                var r = Math.floor(Math.random() * len);
56                buffer.push(this.dataArray[r]);
57                this.dataArray.splice(r, 1);
58            }
59            this.dataArray = buffer;
60        },
61        loadData: function(e) {
62            file = e.target.files[0]
63            if (file) {
64                var reader = new FileReader()
65                var vm = this;
66                reader.onload = function(e){
67                    vm.dataArray = JSON.parse(e.target.result);
68                }
69                reader.readAsText(file)
70            }
71        }
72    }
73    });
74 </script>
75
```

```
76        <style>
77        .v-move {
78            transition: transform 1s;
79        }
80        </style>
81    </body>
82
83 </html>
```

04 정리

13장을 복습해 봅시다.

그림으로 보고 이해하는 정리

JSON.parse를 사용하면 준비한 JSON 파일을 JSON 데이터로 변경하여 읽어들일 수 있습니다(그림 13-5). JSON 데이터를 Vue 인스턴스의 data:의 프로퍼티에 설정하면 그 데이터의 구조 그대로 Vue 인스턴스 안에서 사용할 수 있습니다.

JSON 파일

```
{title'AAA', body:'aaa'},
{title'BBB', body:'bbb'},
{title'CCC', body:'ccc'}
```

JSON.parse( );

JSON 데이터

title	body
AAA	aaa
BBB	bbb
CCC	ccc

[그림 13-5] 그림으로 보고 이해하는 정리

작성법 복습

JSON 파일을 읽어들일 때

1. HTML의 input 태그의 type="file"로 "파일 선택" 버튼을 표시합니다. 이때 id="ID명"으로 작성하고 Javascript와의 연결을 준비합니다.

```html
<input type="file" id="loader">
```

2. 이 ID의 태그로 값이 변경될 때(change) 읽어들이는 메소드(loadFile)가 호출되도록 합니다.

```js
var obj1 = document.getElementById("loader");
obj1.addEventListener("chage", loadFile, false);
```

3. 읽어들이는 메소드(loadFile)에서는 파일을 읽어들이면(reader.onlooad) JSON 파일의 내용을 JSON 데이터로 변경(JSON.parse) 하도록 작성해두고 실제로 읽어들입니다(reader.readAsText).

```js
function loadFile( e) {
  file = e.target.files[0];
  if(file) {
    var reader = new FileReader();
    reader.onload = function(e ) {
      json = JSON.parse(e.target.result);
    }
  }
}
```

1. 다음 설명 중 틀린 내용을 고르시오.

   a. JavaScript와 Vue.js를 사용하여 JSON 파일을 읽어들일 수 있다.

   b. 로컬 파일을 읽어 들이려면 FileReader 메소드를 사용한다.

   c. FileReader의 반대로 FileWriter를 사용하면 파일을 쓸 수 있다.

   d. 읽어 들인 로컬 파일을 JSON 형태로 변환하려면 JSON.parse를 사용한다.

2. FileReader에서 파일에서 text 형식으로 읽어들이는 메소드는 무엇인가?

3. 다음중 JSON에 대한 설명 중 틀린 내용을 고르시오.

   a. JavaScript Object Notation의 약자이다.

   b. key−value 쌍으로 이루어진 데이터 포맷이다.

   c. JavaScript에서만 사용되고 다른 언어에서는 사용될 수 없다.

   d. 기본 자료형으로는 number, string, Boolean, array, object, null을 가질 수 있다.

퀴즈 JSON 파일을 읽어들여 아래와 같이 처리해봅시다.

- 질문을 출력하고 O/X 답을 할 수 있도록 템플릿을 만들 것
- 5개의 정답을 입력 받아 각 문제에 할당된 점수로 계산하여 출력할 것

프로그램을 만들기 위해서는 다음과 같은 지식이 필요해요

- Json 파일을 읽어 들이는 방법
- 배열 데이터를 컴포넌트로 나열하는 방법

힌트!

스크립트 구조

```
new Vue({
    el: "#app",
    data: {
    },
    components: {
    },
    methods: {
        loadData: function(e) {
        },
        answerQuestion: function (){
        }
    }
});
```

14장 간단한 게시판 만들기

14장

간단한 게시판 만들어보기

이번 장에서는 지금까지 배운 내용을 바탕으로 게시판을 만들어보며 Vue.js의 응용 능력을 키울 수 있습니다. 편의를 위해 클라이언트/서버 환경이 아닌 Json 파일에 저장하고 불러오는 방식으로 진행합니다.

#핵심_키워드

#게시판 #Json

01 게시판 만들기

지금까지 배운 것들을 바탕으로 간단한 게시판을 만들어 봅시다.

간략하게 게시판 기능을 구현해 봅시다. 기본적인 기능으로 글 목록 보기, 글 읽기, 글 쓰기, 삭제하기를 구현합니다. 본래는 서버를 두고 게시판 내용을 서버에 업데이트 해야 하지만 Vue의 구현 방법에 집중하기 위해 여기서는 Json 파일을 읽어서 해당 기능을 동작하게 하고 완료된 내용을 파일로 내려 받는 형식으로 구현하도록 합시다.

컴포넌트 만들기

글목록, 글읽기, 글쓰기 세 화면을 컴포넌트로 불러 쓸 수 있도록 만듭니다. 컴포넌트로 만들면 화면이 상황에 따라 보이고 안보이게 함을 용이하게 할 수 있고 데이터의 이동과 저장을 상위 인스턴스에서 할 수 있습니다. 예시로 아래 MyBoardList 컴포넌트를 봅시다.

[함께 해봐요] MyBoardList 컴포넌트 작성

```
01  var MyBoardList = {
02      props: ["object"],
03      template:'<div><table id="list">\n' +
04          '            <tr>\n' +
05          '                <th style="width:50px">글번호</th>\n' +
06          '                <th>글제목</th>\n' +
07          '                <th style="width:50px">조회수</th>\n' +
08          '                <th style="width:70px"></th>\n' +
09          '            </tr>\n' +
10          '<tr v-for="item in object" v-bind:key="item.no">' +
11          '    <td>{{item.no}}</td>' +
12          '    <td v-on:click="boardRead(item)">{{item.title}}</td>' +
13          '    <td>{{item.view}}</td>' +
14          '    <td><button v-on:click="boardDelete(item.no)">삭제</button></td></tr>' +
15          '            </table>' +
```

```
16        '<button v-on:click="boardWrite"  style="float: right;">글쓰기
    </button></div>',
17
18      methods: {
19          boardRead: function (info) {
20              this.$emit('board-read', info);
21          },
22          boardWrite: function () {
23              this.$emit('board-write');
24          },
25          boardDelete: function (no) {
26              this.$emit('board-delete', no);
27          }
28      }
29  };
```

MyBoardList 컴포넌트에서는 상위 인스턴스로부터 리스트를 받아 반복하면서 글 목록을 출력합니다. 글번호, 글제목, 조회수를 노출하고 해당 글을 삭제할 수 있는 삭제 버튼이 있습니다. 그리고 글쓰기 버튼이 있습니다. 컴포넌트 안에서 글제목, 삭제 버튼, 글쓰기 버튼을 클릭하면 해당 이벤트를 발생시켜야 하는데 이를 상위 컴포넌트로 전달하기 위해 this.$emit()을 사용합니다.

태그에 v-on:board-read="boardRead"로 넣으면 컴포넌트의 methods 안에 정의된 this.$emit ('board-read')가 상위 컴포넌트의 boardRead를 실행시킵니다. this.$emit('이벤트명', 매개변수) 와 같이 사용하면 됩니다. 이와 마찬가지로 MyBoardRead 컴포넌트, MyBoardWrite 컴포넌트도 작성합니다.

[함께 해봐요] MyBoardRead와 MyBoardWrite 컴포넌트 작성

```
01  var MyBoardRead = {
02      props: ["object"],
03      template:'<div><table id="list">\n' +
04          '        <tr>\n' +
05          '            <td style="width:50px">글제목</td>\n' +
06          '            <td>{{object.title}}</td>\n' +
07          '        </tr>\n' +
08          '        <tr style="height:300px">\n' +
09          '            <td colspan="2">{{object.content}}</td>\n' +
10          '        </tr>\n' +
11          '    </table>' +
12          '<button v-on:click="boardList" style="float: right;">목록</button>
    </div>',
```

```
13      methods: {
14          boardList: function () {
15              this.$emit('board-list');
16          }
17      }
18  };
19
20  var MyBoardWrite = {
21      template:'    <div>\n' +
22          '        <table id="list">\n' +
23          '            <tr>\n' +
24          '                <td>글제목</td>\n' +
25          '                <td><input type="text" v-model=
    "title" style="width:90%"></td>\n' +
26          '            </tr>\n' +
27          '            <tr>\n' +
28          '                <td colspan="2"><textarea v-model=
    "content" style="width:100%"></textarea></td>\n' +
29          '            </tr>\n' +
30          '        </table>\n' +
31          '    <button v-on:click="boardList" style="float: right;">목록
    </button>' +
32          '    <button v-on:click="boardSave" style="float: right;">저장
    </button></div>',
33      methods: {
34          boardList: function () {
35              this.$emit('board-list');
36          },
37          boardSave: function () {
38              this.$emit('board-save', this.title, this.content);
39          }
40      },
41      data: function() {
42          return {
43              title:"",
44              content:""
45          }
46      }
47  };
```

MyBoardRead 컴포넌트는 글 정보를 객체로 받아서 화면을 구성하고 목록 버튼을 준비하여 클릭하면 상위 인스턴스를 호출해 목록 화면으로 돌아갈 수 있도록 하였습니다.

MyBoardWrite 컴포넌트는 글 쓰기 화면을 제공하고 글쓰기 완료 후 저장 버튼을 누르면 상위 인스턴스에 글 제목과 내용을 전달합니다.

세 개의 컴포넌트를 HTML에서 아래와 같이 작성하여 최상위 뷰 인스턴스에서 데이터를 처리할 수 있게 합니다.

[함께 해봐요] 컴포넌트 관련 HTML 태그 작성

```
01  <my-board-list v-if="listOk" v-bind:object="dataArray['board']"
02                 v-on:board-read="boardRead"
03                 v-on:board-write="boardWrite"
04                  v-on:board-delete="boardDelete"></my-board-list>
05  <my-board-read v-if="readOk" v-bind:object="boardInfo"
    v-on:board-list="boardList"></my-board-read>
06  <my-board-write v-if="writeOk" v-on:board-list="boardList"
    v-on:board-save="boardSave"></my-board-write>
```

Vue 인스턴스 작성

Vue 인스턴스에서는 작성한 컴포넌트의 등록, 화면 노출 여부, json으로부터 가져온 데이터 저장을 위한 data 속성을 선언하고 컴포넌트들에서 전달한 이벤트를 실행하는 메소드를 정의합니다.

[함께 해봐요] Vue 인스턴스 작성: data 속성 선언과 컴포넌트 메소드 정의

```
01  data:{
02      dataArray:[],
03      listOk: false,
04      readOk: false,
05      writeOk: false,
06      boardInfo : {}
07  },
08  components: {
09      'my-board-list': MyBoardList,
10      'my-board-read': MyBoardRead,
11      'my-board-write': MyBoardWrite
12  },
```

데이터 속성은 다음과 같습니다.

dataArray	json에서 가져온 데이터 저장
listOk	목록 화면 노출 여부
readOk	읽기 화면 노출 여부
writeOk	쓰기 화면 노출 여부
boardInfo	리스트에서 전달받은 글 보기 데이터

그리고 components에서는 작성한 컴포넌트를 HTML에서 사용할 수 있게 등록합니다.

Methods 작성

이제 데이터를 불러오고 화면 노출 여부를 결정하며 게시판의 동작을 진행할 메소드들을 작성합니다.

[함께 해봐요] loadData 메소드 작성

```
01  loadData: function(e) {
02      file = e.target.files[0];
03      if (file) {
04          var reader = new FileReader();
05          var vm = this;
06          reader.readAsText(file);
07          reader.onload = function(e){
08              vm.dataArray = JSON.parse(e.target.result);
09          };
10          reader.onloadend = function(e) {
11              if(vm.dataArray != null && vm.dataArray['board'].length > 0) {
12                  vm.listOk = true;
13              }
14              else vm.listOk = false;
15          }
16      }
17  },
```

파일을 열어서 json 형식의 게시판 데이터를 가져옵니다. 13장 예제와 동일하지만 reader. onloadend 이벤트가 추가되었습니다. 이는 파일 로딩이 끝났을 때 호출되는 이벤트로 데이터가 존재하면 리스트를 노출하고 존재하지 않으면 노출하지 않도록 합니다.

게시판 형식으로 저장된 Json 파일은 아래와 같습니다.

[함께 해봐요] Json 파일 만들기

```
01  {
02    "board": [
03      {
04        "no": "1",
05        "title": "첫번째글",
06        "content": "첫번째 글입니다.",
07        "view": "1"
08      },
09      {
10        "no": "2",
11        "title": "두번째글",
12        "content": "두번째 글입니다.",
13        "view": "1"
14      },
15      {
16        "no": "3",
17        "title": "세번째글",
18        "content": "세번째 글입니다.",
19        "view": "1"
20      }
21    ]
22  }
```

board 배열의 요소로 글번호(no), 글제목(title), 글내용(content), 조회수(view)를 갖고 있습니다.

아래 태그를 추가하여 loadData 이벤트가 일어날 경우 호출되도록 합니다.

[함께 해봐요] lodaData 이벤트가 일어나면 호출되도록 HTML 태그 작성하기

```
01  <input type="file" v-on:change="loadData">
```

다음은 boardList와 boardWrite입니다.

boardList와 boardWrite 메소드 작성

```
01  boardList: function() {
02      this.readOk = false;
03      this.writeOk = false;
04      this.listOk = true;
05  },
06  boardWrite: function() {
07      this.listOk = false;
08      this.readOk = false;
09      this.writeOk = true;
10  },
```

게시판 목록 데이터는 이미 vue 인스턴스에 있고 화면에 보이지만 않는 것이기 때문에 읽기/쓰기 태그를 안보이도록 속성만 바꿔줍니다. boardWrite도 입력 화면을 노출할 뿐 처리 내용은 없습니다.

다음은 boardRead입니다.

boardRead 메소드 작성

```
01  boardRead: function(info) {
02      this.listOk = false;
03      this.readOk = true;
04      this.boardInfo = info;
05      // 해당 글을 찾아서 카운트를 올려준다.
06      for(var i=0; i< this.dataArray['board'].length ; i ++) {
07          if(this.dataArray['board'][i].no == info.no)
    this.dataArray['board'][i].view = parseInt(this.dataArray['board'][i].view) + 1;
08      }
09  },
```

boardList와 마찬가지로 화면 노출 여부를 세팅해주고 글 정보를 세팅합니다. 글 정보를 세팅하는 것만으로 이미 컴포넌트로 데이터가 전달되어 글 내용이 보이게 됩니다. 다만 리스트에서 해당 글을 찾아 view 속성을 +1 해주어 조회수를 증가시켜 줍니다.

다음은 boardSave입니다.

boardSave 메소드 작성

```
01  boardSave: function(title, content) {
02      var no = 1;
03      if(this.dataArray['board'].length != 0) no =
    parseInt(this.dataArray['board'][this.dataArray['board'].length - 1].no) + 1
04      var board_info = {
05          no: no,
06          title: title,
07          content: content,
08          view: "1"
09      };
10
11      this.dataArray['board'].push(board_info);
12      this.writeOk = false;
13      this.readOk = false;
14      this.listOk = true;
15  },
```

여기서는 MyBoardWrite 컴포넌트에서 입력 받은 글 제목과 글 내용을 json object로 만들어 리스트에 추가하고 글 목록 화면을 노출시킵니다.

다음은 글을 삭제하기 위한 boardDelete입니다.

boardDelete 메소드 작성

```
01  boardDelete: function(no) {
02      for(var i=0; i< this.dataArray['board'].length ; i ++) {
03          if(this.dataArray['board'][i].no == no)
    this.dataArray['board'].splice(i,1);
04      }
05  },
```

글목록에서 삭제 버튼을 누르면서 해당 글번호를 전달하여 배열에서 해당 글 번호를 찾아 제거합니다.

마지막으로 게시판 전체를 파일로 다운받는 saveBoardList입니다.

```
01  saveBoardList: function() {
02      var data = this.dataArray;
03
04      if(data.length == 0) {
05          alert('저장할 게시판 내용이 없습니다.')
06          return;
07      }
08      var filename = 'board.json';
09
10      if(typeof data === "object"){
11          data = JSON.stringify(data, undefined, 4);
12      }
13
14      var blob = new Blob([data], {type: 'text/json'}),
15          e    = document.createEvent('MouseEvents'),
16          a    = document.createElement('a');
17
18      a.download = filename;
19      a.href = window.URL.createObjectURL(blob);
20      a.dataset.downloadurl = ['text/json', a.download, a.href].join(':');
21      e.initMouseEvent('click', true, false, window, 0, 0, 0, 0, 0, false,
    false, false, false, 0, null);
22      a.dispatchEvent(e);
23  }
```

브라우저에서 사용하는 자바스크립트는 보안상 로컬에 파일을 저장할 수 없기 때문에 게시판 리스트를 보관하기 위한 방법으로 vue 인스턴스가 가지고 있는 Json 데이터를 파일로 내려받습니다.

전체 파일 소스는 아래와 같이 됩니다.

```
01  <!DOCTYPE html>
02  <html>
03  <head>
04      <meta charset="UTF-8">
05      <title>Vue.js sample</title>
06      <link rel="stylesheet" href="style.css" >
```

```
07        <script src="https://cdn.jsdelivr.net/npm/vue@2.6.10/dist/vue.js">
   </script>
08 </head>
09
10 <body>
11 <h2>간단한 게시판</h2>
12 <div id="app">
13        <p>게시판 데이터 json 파일 읽기</p>
14        <input type="file" v-on:change="loadData">
15        <button v-on:click="saveBoardList">게시판 저장하기</button>
16
17        <my-board-list v-if="listOk" v-bind:object="dataArray['board']"
18                       v-on:board-read="boardRead"
19                       v-on:board-write="boardWrite"
20                        v-on:board-delete="boardDelete"></my-board-list>
21        <my-board-read v-if="readOk" v-bind:object="boardInfo"
   v-on:board-list="boardList"></my-board-read>
22        <my-board-write v-if="writeOk" v-on:board-list="boardList"
   v-on:board-save="boardSave"></my-board-write>
23
24 </div>
25 <script>
26     var MyBoardList = {
27         props: ["object"],
28         template:'<div><table id="list">\n' +
29             '                <tr>\n' +
30             '                    <th style="width:50px">글번호</th>\n' +
31             '                    <th>글제목</th>\n' +
32             '                    <th style="width:50px">조회수</th>\n' +
33             '                    <th style="width:70px"></th>\n' +
34             '                </tr>\n' +
                '<tr v-for="item in object" v-bind:key="item.no">' +
36             '                    <td>{{item.no}}</td>' +
37             '                    <td v-on:click="boardRead(item)">{{item.title}}
   </td>' +
38             '                    <td>{{item.view}}</td>' +
39             '                    <td><button v-on:click="boardDelete(item.no)">
   삭제</button></td></tr>' +
40             '                </table>' +
41             '<button v-on:click="boardWrite"  style="float: right;">글쓰기
   </button></div>',
42         methods: {
```

```
43        boardRead: function (info) {
44            this.$emit('board-read', info);
45        },
46        boardWrite: function () {
47            this.$emit('board-write');
48        },
49        boardDelete: function (no) {
50            this.$emit('board-delete', no);
51        }
52    }
53  };
54
55  var MyBoardRead = {
56      props: ["object"],
57      template:'<div><table id="list">\n' +
58          '        <tr>\n' +
59          '            <td style="width:50px">글제목</td>\n' +
60          '            <td>{{object.title}}</td>\n' +
61          '        </tr>\n' +
62          '        <tr style="height:300px">\n' +
63          '            <td colspan="2">{{object.content}}</td>\n' +
64          '        </tr>\n' +
65          '    </table>' +
66          '<button v-on:click="boardList" style="float: right;">목록
    </button></div>',
67      methods: {
68          boardList: function () {
69              this.$emit('board-list');
70          }
71      }
72  };
73
74  var MyBoardWrite = {
75      template:'    <div>\n' +
76          '    <table id="list">\n' +
77          '        <tr>\n' +
78          '            <td>글제목</td>\n' +
79          '            <td><input type="text" v-model="title"
    style="width:90%"></td>\n' +
80          '        </tr>\n' +
81          '        <tr>\n' +
82          '            <td colspan="2"><textarea v-model="content"
    style="width:100%"></textarea></td>\n' +
```

314

```
83              '      </tr>\n' +
84              '    </table>\n' +
85              '    <button v-on:click="boardList" style="float: right;">목록
   </button>' +
86              '    <button v-on:click="boardSave" style="float: right;">저장
   </button></div>',
87          methods: {
88              boardList: function () {
89                  this.$emit('board-list');
90              },
91              boardSave: function () {
92                  this.$emit('board-save', this.title, this.content);
93              }
94          },
95          data: function() {
96              return {
97                  title:"",
98                  content:""
99              }
100         }
101     };
102
103     new Vue({
104         el: '#app',
105         data:{
106             dataArray:[],
107             listOk: false,
108             readOk: false,
109             writeOk: false,
110             boardInfo : {}
111         },
112         components: {
113             'my-board-list': MyBoardList,
114             'my-board-read': MyBoardRead,
115             'my-board-write': MyBoardWrite
116         },
117         methods: {
118             loadData: function(e) {
119                 file = e.target.files[0];
120                 if (file) {
121                     var reader = new FileReader();
122                     var vm = this;
```

```
123                     reader.readAsText(file);
124                     reader.onload = function(e){
125                         vm.dataArray = JSON.parse(e.target.result);
126                     };
127                     reader.onloadend = function(e) {
128                         if(vm.dataArray != null &&
    vm.dataArray['board'].length > 0) {
129                             vm.listOk = true;
130                         }
131                         else vm.listOk = false;
132                     }
133                 }
134             },
135         boardRead: function(info) {
136             this.listOk = false;
137             this.readOk = true;
138             this.boardInfo = info;
139             // 해당 글을 찾아서 카운트를 올려준다.
140             for(var i=0; i< this.dataArray['board'].length ; i ++) {
141                 if(this.dataArray['board'][i].no == info.no)
    this.dataArray['board'][i].view = parseInt(this.dataArray['board'][i].view) + 1;
142             }
143         },
144         boardList: function() {
145             this.readOk = false;
146             this.writeOk = false;
147             this.listOk = true;
148         },
149         boardWrite: function() {
150             this.listOk = false;
151             this.readOk = false;
152             this.writeOk = true;
153         },
154         boardSave: function(title, content) {
155             var no = 1;
156             if(this.dataArray['board'].length != 0) no =
    parseInt(this.dataArray['board'][this.dataArray['board'].length - 1].no) + 1
157             var board_info = {
158                 no: no,
159                 title: title,
160                 content: content,
161                 view: "1"
```

```
162             };
163
164             this.dataArray['board'].push(board_info);
165             this.writeOk = false;
166             this.readOk = false;
167             this.listOk = true;
168         },
169         boardDelete: function(no) {
170             // 해당 글을 찾아서 지운다.
171             for(var i=0; i< this.dataArray['board'].length ; i ++) {
172                 if(this.dataArray['board'][i].no == no)
    this.dataArray['board'].splice(i,1);
173             }
174         },
175         saveBoardList: function() {
176             var data = this.dataArray;
177
178             if(data.length == 0) {
179                 alert('저장할 게시판 내용이 없습니다.')
180                 return;
181             }
182             var filename = 'board.json';
183
184             if(typeof data === "object"){
185                 data = JSON.stringify(data, undefined, 4);
186             }
187
188             var blob = new Blob([data], {type: 'text/json'}),
189                 e    = document.createEvent('MouseEvents'),
190                 a    = document.createElement('a');
191
192             a.download = filename;
193             a.href = window.URL.createObjectURL(blob);
194             a.dataset.downloadurl =
    ['text/json', a.download, a.href].join(':');
195             e.initMouseEvent('click', true, false, window, 0, 0, 0, 0,
    0, false, false, false, false, 0, null);
196             a.dispatchEvent(e);
197         }
198     }
199 });
200 </script>
```

```
201  </body>
202
203  </html>
```

스타일시트는 style.css 파일을 참고해서 작성해보기 바랍니다. 이제 게시판을 실행해봅시다.

1. 초기화면

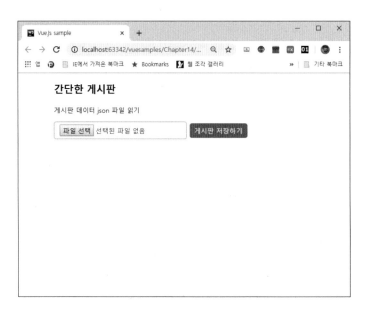

2. 게시판 데이터 불러오기

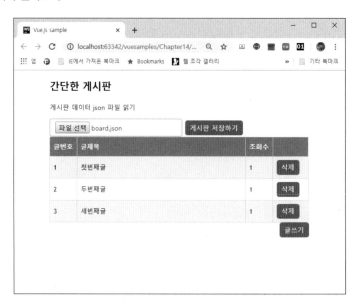

3. 글 추가하기

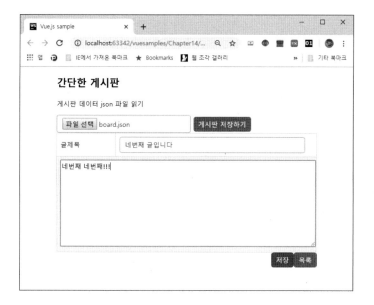

4. 글읽기

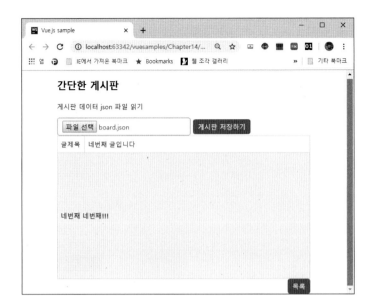

5. 글을 읽은 후 조회수 증가

게시판 저장하기 후 json 내용은 아래와 같습니다.

```
01  {
02      "board": [
03          {
04              "no": "1",
05              "title": "첫번째글",
06              "content": "첫번째 글입니다.",
07              "view": "1"
08          },
09          {
10              "no": "2",
11              "title": "두번째글",
12              "content": "두번째 글입니다.",
13              "view": "1"
14          },
15          {
16              "no": "3",
17              "title": "세번째글",
18              "content": "세번째 글입니다.",
19              "view": "1"
20          },
21          {
22              "no": 4,
23              "title": "네번째 글입니다",
24              "content": "네번째 네번째!!!",
25              "view": 2
26          }
27      ]
28  }
```

02 정리

게시판을 만드는 데 중요한 부분은 각 화면 구성을 컴포넌트로 나누고 제어하며 데이터를 주고 받는 데 있습니다. 12장에서 vue 인스턴스에서 컴포넌트로 데이터를 전달하는 것에 props를 사용했듯이 반대로 컴포넌트에서 vue 인스턴스에 있는 메소드를 호출하기 위해 this.$emit을 사용할 수 있습니다.

찾아보기